国家卫生和计划生育委员会“十三五”规划教材配套教材

全国高等学校配套教材

供康复治疗学专业用

人体运动学
实训指导

第2版

主　　编　敖丽娟　黄晓琳

副主编　潘燕霞　许　涛

编　　者（以姓氏笔画为序）

马　萍　哈尔滨医科大学
王　艳　黑龙江中医药大学
冯　伟　上海中医药大学
许　涛　华中科技大学同济医学院
肖建兵　哈尔滨医科大学
钟卫权　徐州医科大学
敖丽娟　昆明医科大学
徐冬青　天津体育学院
黄晓琳　华中科技大学同济医学院
潘燕霞　福建医科大学

编写秘书　孟繁媛　昆明医科大学

人民卫生出版社

图书在版编目（CIP）数据

人体运动学实训指导 / 敖丽娟，黄晓琳主编. —2版. —北京：人民卫生出版社，2019

全国高等学校康复治疗专业第三轮规划教材配套教材

ISBN 978-7-117-28446-2

Ⅰ. ①人…　Ⅱ. ①敖…②黄…　Ⅲ. ①人体运动－人体科学－高等学校－教学参考资料　Ⅳ. ①G804

中国版本图书馆 CIP 数据核字（2019）第 079313 号

人体运动学实训指导

第 2 版

主　　编：敖丽娟　黄晓琳
出版发行：人民卫生出版社（中继线 010-59780011）
地　　址：北京市朝阳区潘家园南里 19 号
邮　　编：100021
E - mail：pmph @ pmph. com
购书热线：010-59787592　010-59787584　010-65264830
印　　刷：北京盛通数码印刷有限公司
经　　销：新华书店
开　　本：787×1092　1/16　　印张：4
字　　数：102 千字
版　　次：2013 年 9 月第 1 版　　2019 年 5 月第 2 版
　　　　　2024 年 8 月第 2 版第 5 次印刷（总第 8 次印刷）
标准书号：ISBN 978-7-117-28446-2
定　　价：15.00 元
打击盗版举报电话：010-59787491　E-mail：WQ @ pmph. com
（凡属印装质量问题请与本社市场营销中心联系退换）

前言

《人体运动学实训指导》第1版于2013年问世，至今已经历了6年的教学实践和3次印刷，使用院校反映良好。随着学科的发展、专业知识的不断更新以及“十三五”期间教育部对人才培养质量要求的进一步提升，同时，也在教材使用过程中发现了一些问题，因此，在主干教材《人体运动学》进行第3版更新的同时，我们对“实训指导”进行再版修订。

人体运动学是康复医学的重要组成部分，是康复治疗学重要的专业基础课程。这门课程主要介绍和分析人体运动的基础力学机制和肌肉骨骼的功能，使学生在掌握人体运动功能解剖的基础上，学会应用力学的机制分析正常人体和病理状态下人体的运动情况以及运动对人体的影响，从而更好地理解人体骨骼、肌肉系统的功能，为今后康复治疗学专业课的学习打下良好基础。为进一步巩固学生的理论知识，增强学生实践动手能力，作为主干教材的主要配套教材《人体运动学实训指导》安排了12次实训课。本次再版将实训课内容与记录表分为两部分，删除了“有氧运动能力评定”，增加了“实训讨论参考答案”，希望更方便教师及学生使用。在编写过程中，为保证本书质量，各位编者精诚合作、反复沟通，在这里一并表示感谢。

第2版《人体运动学实训指导》部分作者进行了更新，增加了一线授课的年轻教师，编写过程中难免由于经验不足，存在不当之处，敬请各位同行批评、指正。

敖丽娟

2019年3月

目录

第一部分　实训指导

第二部分　实训记录表

第三部分　实训讨论参考答案

第一部分　实训指导

实训一　运动中的生物力学作用

【学时】

3 学时

【目的】

1. 掌握运动生物力学的相关基本概念。
2. 理解力的概念以及内力和外力相互关系对人体运动的影响。
3. 熟悉人体关节运动顺序原理及杠杆原理。

【课前准备】

1. 人体运动参数

(1) 人体运动的时间参数、空间参数和时空参数。

(2) 描述人体参数注意事项。

2. 人体动力学

(1) 作用于人体的内力和外力。

(2) 借助作用人体的外力进行康复设计。

(3) 内力和外力的区别与联系。

3. 牛顿运动定律及其应用

(1) 牛顿第一运动定律及其在康复治疗的应用。

(2) 牛顿第二运动定律及其在康复治疗的应用。

(3) 牛顿第三运动定律及其在康复治疗的应用。

4. 人体运动的形式及原理

(1) 人体简化后的运动形式。

(2) 人体关节的运动形式。

(3) 人体基本的运动形式。

(4) 人体运动的杠杆原理。

(5) 人体运动的关节顺序原理。

5. 人体静力学

(1)人体平衡的条件。

(2)人体平衡的特征。

(3)人体重心的位置。

(4)运动对人体重心的影响。

【实训器材】

1. 硬币
2. 身高计
3. 平衡训练球
4. 电子秤
5. 秒表计时器
6. 跳绳
7. 体操垫
8. 白纸
9. 墨汁

【实训步骤】

本次实验学生应穿着舒适的衣服,4~6 人一小组进行讨论,在不同的试验中轮流作为测试者和被测者。测试结束后轮流汇报讨论结果。

1. 人体运动学参数描述

(1)安静心率。

(2)跳绳 1 分钟,测运动后心率。

(3)记录小组心率变化趋势,描述心率属于运动学哪种参数及其特征。

2. 要求观察者的同伴背靠墙站着,足跟必须紧贴墙面。放一枚硬币在他面前的地上并要求他捡起来,但双脚不能移动。观察运动中的人体表现,分析原因。

3. 要求观察者的同伴在体操垫和地面完成跳跃动作,并做到尽可能地高。观察运动中的人体表现,比较同一个人在不同支撑面跳跃高度的不同,简述原因。

4. 要求观察者的同伴完成以下三种姿势的仰卧起坐动作(图 1-1,每组动作间隔 10~15 分钟),记录: 次/min,比较同一个人在不同姿势下的成绩是否存在差异,请分析原因。

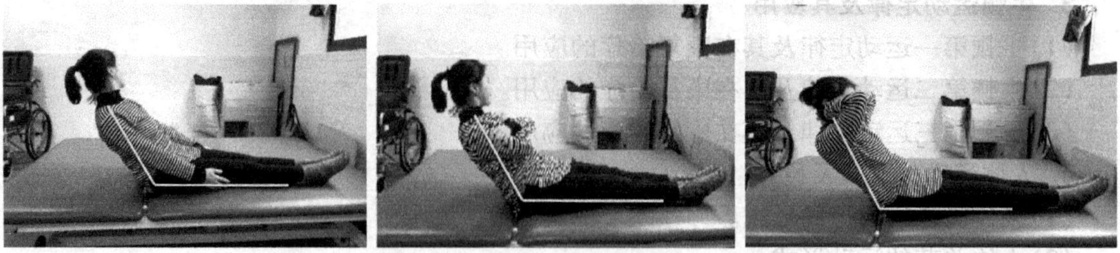

图 1-1 不同姿势下的仰卧起坐

5. 要求你的同伴右侧靠墙站着,肩、髋、踝必须紧贴墙面。要求他靠右侧单腿站立。观察运动中的人体表现，简述原因。

【讨论】

1. 在要求你的同伴在不同支撑面跳跃的试验中你学到什么？
2. 在要求你的同伴背靠墙站立并捡起地上东西的试验中你学到什么？
3. 在要求你的同伴右侧靠墙站着并靠墙侧单腿站立的试验中你学到什么？
4. 在要求你的同伴完成三种姿势的仰卧起坐动作的试验中你学到什么？

（许 涛）

实训二 骨生物力学测试

【学时】

3 学时

【目的】

1. 掌握骨应力、应变等骨生物力学的相关概念。
2. 了解骨生物力学测试的方法。
3. 熟悉骨组织在外力作用下的力学特性和骨在受力作用后的生物学效应以及与骨质量评定的关系。

【课前准备】

1. 复习骨结构，骨成分，骨的载荷，骨的变形，骨应力、应变等基础知识。写出“骨应力、应变”概念并举例分析生活中常见的骨应力与应变。

2. 查阅文献资料，拓展骨生物力学检测的相关知识。解释“3 点弯曲试验”。辨析骨结构力学和骨材料力学，并写出以下指标的定义及意义：

（1）骨结构力学常用指标

1）最大载荷

2）最大挠度

3）弹性载荷

4）弹性挠度

5）能量吸收

（2）骨材料力学常用指标

1）骨应力

2）最大应力

3）弹性应力

4）骨弹性模量

5）骨强度

（3）骨标本大小常用指标

1）外长轴直径
2）外短轴直径
3）内长轴直径
4）内短轴直径

【实训器材】

1. 大鼠股骨
2. 生理盐水
3. 纱布
4. 冰箱
5. 游标卡尺
6. 质构仪（或其他应力、应变测试仪）

【实训步骤】

本次实验采用骨应力、应变试验中的“3 点弯曲试验”，其实训步骤如下：

1. 保存骨标本　将骨标本（大鼠股骨）用生理盐水浸透的纱布包裹，贮存于-20℃保存，测定前取出，室温下放置 12 小时。请思考还有其他保存骨标本但又不影响测试结果的方法吗？

2. 测定骨标本大小　在做“3 点弯曲试验”之前，先找出骨标本的容易断裂点，再测量其外径，试验后在断裂面上测量其内径。测量骨标本大小指标主要有：外长轴直径（B）、外短轴直径（H）、内长轴直径（b）和内短轴直径（h）。具体操作方法：采用游标卡尺法，在容易断裂的可能位点上，测量其外径最大和最小轴的数据，所测相应数据即分别是骨标本的外长轴和外短轴直径（图 2-1）。

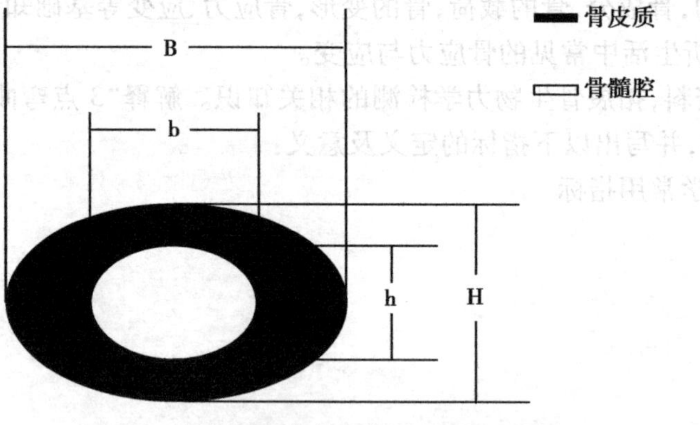

图 2-1　骨干断端横截面内外径测试示意图

思考为什么要测定试验标本的内外径，而且还要对同一截面多方位进行测量，即测定骨标本断面的内外径？

3. 3 点弯曲试验

步骤一，设置弯曲试验跨距：通常在试验开始前应设置弯曲试验跨距，跨距应为标本直径的 16 倍。大鼠长骨跨距设置为 15mm。

步骤二,设置检测参数及调试仪器:将质构仪检测软件从计算机中调出,设置检测参数。一般情况下,大鼠长骨的加载速度为15mm/min,探头接触标本后继续运动2.5mm。

步骤三,开始弯曲试验:仪器调试正常后,将骨标本的宽面朝上,点击计算机界面上的运行按钮,开始弯曲试验。在骨骼标本断裂后,计算机界面上出现曲线(图2-2)。

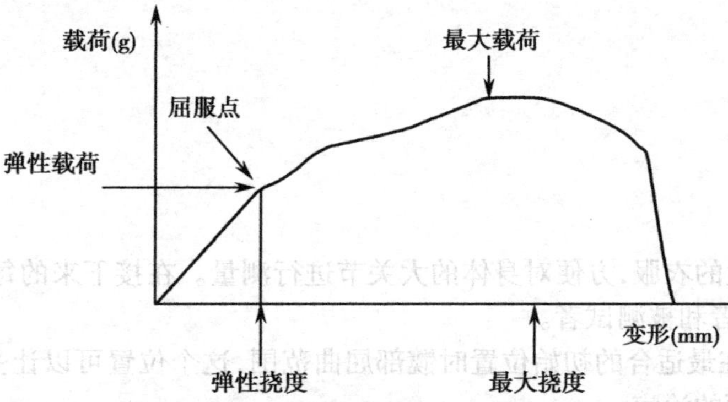

图2-2 骨的载荷-变形曲线

上述曲线即为载荷-变形曲线,在该曲线上可直接读出弹性载荷、弹性挠度、最大载荷和最大挠度等数据。在所读出的数据基础上,再结合骨标本的大小计算出相应的骨材料力学指标数据。

【讨论】

1. 讨论骨硬度、骨强度与骨成分、骨结构的关系。
2. 骨材料力学指标和骨结构力学指标分别反映骨的什么性质?
3. 发生疲劳性骨折的骨生物力学基础是什么?

(肖建兵)

实训三 关节运动学基础

【学时】

3学时

【目的】

1. 采用合适的起始位置测量关节运动范围。
2. 了解拮抗肌和其他软组织对关节运动范围的影响。
3. 了解升温对关节运动范围的影响。
4. 确定最适合的工具,用于测量不同的关节。

【课前准备】

1. 复习关节运动的基本概念。

2. 熟练掌握各大关节的运动形式。
3. 影响关节运动范围的因素有哪些？

【实训器材】

1. 量角器
2. 量尺
3. 标记笔
4. 稿纸

【实训步骤】

学生应穿着合适的衣服，方便对身体的大关节进行测量。在接下来的每一个活动中，2 人一组，轮流作为测试者和被测试者。

1. 测量受试者在最适合的初始位置时髋部屈曲范围，这个位置可以让受试者得到最有效地支撑以方便治疗师的治疗。
2. 将以上测量结果与其他不同膝关节位置时髋部的屈曲范围做比较。
3. 测量并比较在髋部屈、伸和中立位时的膝关节屈曲范围。
4. 测量脊柱从 C_7 到 L_5 的屈曲范围。
5. 测量颈椎的旋转范围。
6. 测量踝关节背屈的范围。
7. 完成上述测量后，学生在室外慢跑 10 分钟。
8. 慢跑之后，返回实验室重复 4~6 实训步骤。
9. 测量右肩的最大外展范围，并与双侧肩共同外展的测量结果进行比较。

【讨论】

1. 从活动 1 和活动 2 中你学到了什么？
2. 在活动 3 中，通过对在不同髋位时的膝关节屈曲活动范围的测量，你发现了什么？为什么？
3. 升温对关节的运动范围有什么影响？这有什么临床意义？
4. 在活动 9 中，你是否发现肩关节的外展在肩部单侧运动和双侧运动时的运动范围有所不同？为什么？

（肖建兵）

实训四　肌肉运动学

【学时】

3 学时

【目的】

1. 采取恰当的起始位来测量上肢和下肢的肌力。

2. 理解肌肉长度对于力量的影响。
3. 比较拮抗肌肌组之间的力量。
4. 理解肌疲劳对于力量输出的影响。

【课前准备】

1. 复习有关肌肉运动学的相关知识。
2. 肌肉收缩的形式有哪些?
3. 请在下列四项中选择,当我们做肩关节前屈 0°~180°运动时,肩关节屈伸肌肉运动的形式。
(1)肩屈肌向心收缩。
(2)肩屈肌离心收缩。
(3)肩伸肌向心收缩。
(4)肩伸肌离心收缩。
4. 影响肌力的因素有哪些?

【实训器材】

1. 手持测力计
2. 量角器
3. 秒表
4. 2kg 的绑式沙袋
5. 检查床

【实训步骤】

本次实验学生应穿着易暴露上肢和下肢的合适衣服,在接下来的每一个活动中,以 4~6 人(男女搭配)为一小组,轮流作为测试者和被测者。

1. 肌肉疲劳的影响

(1)两腿分开站立,暴露左肩关节,从肩后方用量角器测量盂肱关节的角度。
(2)左手腕处加载一个 2kg 的沙袋,并保持左肩外展 90°的姿势。
(3)通过观察背后量角器的读数和秒表来记录手臂能在水平面上保持的时间。
(4)要求在受试对象的肩外展角度下降至 80°时停止。
(5)在休息 2 分钟后,让受试者重复此测试。

2. 肌肉长度对于力量输出的影响

(1)受测者坐于检查床上,膝关节在床的边缘,使双下肢悬空无支撑,在右侧髋关节外侧放置一量角器,使髋关节保持 90°屈曲,用手持测力计测量右侧等长伸膝肌力。

(2)受测者仰卧位,膝关节在床的边缘使双下肢悬空无支撑,在右侧髋关节外侧放置一量角器使髋关节保持在 0°屈曲,用手持测力计测量等长伸膝肌力。

(3)受测者仰卧位,用楔形垫调整髋关节屈曲角度,在髋关节屈曲每增加 15°后,用手持测力计分别测量等长屈膝和伸膝的肌力。

3. 拮抗肌组的肌力比

(1)受试者采取屈髋屈膝 90°的坐位。

（2）在此体位下，测量屈膝和伸膝等长收缩的肌力。

（3）重复测量同组的其他3位同学。

【讨论】

1. 活动1中你的受试者两次实验分别坚持多久？

2. 从活动1中你学习到什么？

3. 在活动2中，你是否注意到在髋关节处于不同位置时，屈膝肌与伸膝肌肌力发生改变，为什么？

4. 在活动3中，伸膝肌和屈膝肌所产生的肌力比如何？

5. 肌力比的临床意义是什么？

6. 在3项活动中是否显现出性别的不同？有何区别？

（马　萍）

实训五　肩复合体

【学时】

3学时

【目的】

1. 掌握和（或）指出肩胛骨、肱骨近端、锁骨和胸骨的体表标记；并通过在体表触摸，叙述产生运动的主要肌群。

2. 掌握肩胛胸壁关节的运动：上抬与下沉、前伸与后缩、上旋与下旋。

3. 体会在冠状面和肩胛骨平面，肩关节（盂肱关节）外展活动幅度的不同。

4. 掌握和领会肩肱节律，如固定肩胛骨，肩关节运动受限情况。

【课前准备】

1. 写出肩关节复合体和肩肱节律的定义。

2. 说出肩关节复合体主要肌肉的起止点，以及所受支配的神经。

3. 写出肩部各关节的骨性结构特征，体表骨性标记。

4. 运用关节运动学原理，写出和画出盂肱关节和胸锁关节在外展过程中的运动特点。

【实训器材】

1. 量角器

2. 诊断床（或PT床）

3. 标记笔

4. 稿纸

【实训步骤】

本次实验学生应穿着易暴露上肢和下肢的合适衣服或紧身衣（男同学可以暴露上半身），

在接下来的每一个活动中，以 4~6 人为一小组（男女搭配）轮流作为测试者和被测者。

1. 寻找体表骨性标记 坐立位，暴露双侧肩关节，或采用卧位（俯卧位与仰卧位），触摸并用标记笔分别标记。

（1）肩胛骨：肩峰、肩胛冈、肩胛角、肩胛冈三角、上角、下角、喙突、内侧缘和外侧缘。

（2）锁骨：锁骨体、肩锁关节、胸锁关节。

（3）肱骨近端：大结节、小结节、结节间沟。

（4）胸骨：胸骨柄、颈静脉切迹、胸骨角。

2. 触摸肩胛胸壁关节的运动及其相关肌群 受测者坐在诊断床（或 PT 床）边，双下肢悬空或有支撑，背对测试者，放松，处于解剖位。

（1）上抬与下沉：受测者使肩部朝耳朵或颅骨方向做向上运动，或使肩部朝腰部或尾骶部运动。

（2）前伸与后缩：受测者屈曲肩关节 90°，向前伸手臂，使肩胛骨内侧缘离开脊柱的运动为前伸，使肩胛骨内侧缘靠近脊柱的运动为后缩。

（3）上旋与下旋：受测者外展肩关节，使上肢抬高，肩胛骨下角向外上方运动为上旋，肩胛骨下角向内下方运动为下旋。

3. 测量肩关节主动运动的角度并触摸相关肌群 受测者取坐位在诊断床（或 PT 床）上，放松，上肢置于身体的两侧，且手掌面向内侧。

（1）内收与外展：分别测量冠状面与肩胛骨平面，并注意观察被测者肩外展 30°、60°、90°、120°和 180°过程中肩关节复合体各组成部分的运动特点。

（2）屈曲与伸展。

（3）内旋与外旋。

注意：体位、量角器的放置，包括量角器的轴心、固定臂和运动臂。

4. 在下表中填入当肩关节在做不同方向的运动时，三角肌不同部分的协同作用。

三角肌	前屈	外展	后伸
前部			
中部			
后部			

【讨论】

1. 在上述 2~3 项活动中，都有哪些关节和肌肉参与运动？
2. 冠状面最大外展角与肩胛骨平面最大外展角相同吗？为什么？
3. 三角肌的前、中、后三束在盂肱关节内收和外展运动中起到什么作用？
4. 通过实验，对肩关节复合体的概念有何体会？
5. 试着分析一下斜方肌瘫痪或前锯肌瘫痪，肩胛胸壁关节的运动将产生怎样的后果？

（冯　伟）

实训六 肘关节及前臂复合体

【学时】

3 学时

【目的】

1. 掌握和(或)指出肱骨远端、桡骨和尺骨的体表标记;并通过在体表触摸,叙述产生运动的主要肌群。

2. 学会外翻角(提携角)的测量;掌握肘关节屈伸(过伸)的活动幅度测量(主动与被动运动)。

3. 掌握和领会上、下尺桡关节间的相互关系,测量前臂的旋前与旋后幅度(主动与被动运动)。

4. 对功能弧度概念有更深刻地理解。

【课前准备】

1. 说出肘关节和前臂复合体的解剖结构和肌肉的起止点。

2. 写出肘伸肌和肘屈肌的功能、旋前肌与旋后肌肌群的功能。为什么说肱二头肌又是旋后肌,怎样在屈肘时抵消其旋后作用?

3. 运用关节运动学原理,写出和画出肱尺关节和肱桡关节在屈肘过程中的运动特点。

【实训器材】

1. 量角器
2. 诊断床(PT 床)
3. 标记笔
4. 稿纸
5. 碗勺
6. 电话

【实训步骤】

本次实验学生应穿着易暴露上肢的合适衣服,在接下来的每一个活动中以 4~6 人为一小组轮流作为测试者和被测者。

1. **标记体表骨性标志** 坐立位,暴露一侧上肢,或采用卧位(仰卧位)触摸并用标记笔分别标记。

(1)肱骨远端:肱骨内上髁、肱骨外上髁、肱骨小头。

(2)尺骨:鹰嘴、尺神经沟、肱尺关节、尺骨茎突、尺骨头和下尺桡关节。

(3)桡骨:桡骨头、肱桡关节、上尺桡关节、桡骨茎突。

2. 测量肘关节的外翻角(提携角)、屈伸角并在体表触摸产生运动的主要肌群。

3. 测量前臂的旋前与旋后角度(主动与被动运动),并在体表触摸产生运动的主要肌群和关节。

注意:体位、量角器的放置,包括量角器的轴心、固定臂和运动臂。

4. **测量**:开门、用勺吃饭、读书、打电话4种日常生活活动肘关节复合体所需的活动范围。

【讨论】

1. 肘关节和前臂运动中,都有哪些关节和肌肉参与运动?
2. 为什么说肱二头肌又是旋后肌,怎样在屈肘时抵消其旋后作用?
3. 通过活动4,体会肘关节的功能弧度;如肘关节功能受限,将产生怎样的后果?

(冯　伟)

实训七(Ⅰ) 腕 关 节

【学时】

1.5学时

【目的】

1. 掌握和(或)指出尺骨、桡骨、腕骨及掌骨的体表标记。
2. 掌握腕关节的运动:屈曲、伸展、尺偏、桡偏及环转运动。并叙述产生运动的主要肌群。
3. 掌握腕部关节的组成、腕部的一些主要韧带、腕管等组织。
4. 掌握腕和手运动的相互影响。

【课前准备】

1. 腕部关节组成的骨骼、骨性结构特征及体表骨性标记。
2. 腕部包含哪些关节?腕部关节的主要运动有哪些?并阐述产生这些动作的主要肌肉的名称、起止点,以及所受支配的神经。
3. 腕管的构成。

【实训器材】

1. 腕关节模型
2. 量角器
3. 握力计
4. 治疗桌
5. 标记笔
6. 稿纸

【实训步骤】

本次实验学生在接下来的每一个活动中以4~6人为一小组轮流作为测试者和被测者。

1. 体表骨性标记　坐立位,暴露双侧腕关节,触摸并用标记笔分别标记。

(1)桡骨:桡骨茎突、桡骨小头。

(2)尺骨:尺骨头、尺骨鹰嘴。

(3)腕骨:大多角骨、小多角骨、头状骨、钩骨、舟骨、月骨、三角骨、豌豆骨。

2. 测量腕关节屈曲、伸展、尺偏、桡偏角度并在体表触摸产生运动的主要肌群。

注意:量角器的放置,包括量角器的轴心、固定臂和运动臂。

3. 结合腕部模型,认识腕部关节的组成(桡腕关节、腕骨间关节、腕掌关节)、腕部的一些主要韧带(掌侧韧带、背侧韧带以及内在骨间韧带)、腕管等结构。

4. 利用握力计,测量本组同学在屈腕位和伸腕位的握力并记录。

【讨论】

1. 在活动2中哪些关节和肌肉参与了运动?
2. 通过活动3,讨论腕管的结构与腕管综合征的关系?
3. 在活动4中我们有什么样的发现,在腕和手运动的相互影响中我们学到了什么?

(黄晓琳)

实训七(Ⅱ) 手指关节

【学时】

1.5小时

【目的】

1. 掌握和(或)指出掌骨、指骨等手上的功能解剖的体表标记。
2. 掌握掌指关节、指间关节的运动:屈曲、伸展。并叙述产生运动的主要肌群。
3. 掌握指屈肌腱鞘滑车系统的功能解剖特点。
4. 掌握精细握和有力握之间的关系。

【课前准备】

1. 掌指关节、指间关节组成的骨骼、骨性结构特征及体表骨性标记。
2. 手指关节的主要运动及范围,产生这些动作的主要肌肉名称、起止点及神经支配。

【实训器材】

1. 手部模型
2. 量角器
3. 治疗桌
4. 标记笔和稿纸

【实训步骤】

本次实验学生在接下来的每一个活动中以4~6人为一小组轮流作为测试者和被测者。

1. **体表骨性标记**　触摸并用标记笔分别标记。

(1)掌骨:5 块掌骨底、掌骨头。

(2)指骨:14 块指骨。

2. 测量手指各关节运动的角度,并填写相关肌群。

注意:体位、量角器的放置,包括量角器的轴心、固定臂和运动臂。

3. 在自身手部画出正中神经、桡神经、尺神经感觉支配区。

【讨论】

1. 手部的外在肌和固有肌都有哪些?这些肌肉都分别由哪些神经支配?
2. 指屈肌腱鞘滑车系统在手指的活动中的作用。
3. 有力握和精细握之间的关系是什么?

(黄晓琳)

实训八　脊　柱

【学时】

3 学时

【目的】

1. 掌握和(或)指出颈椎、腰椎的体表标记。
2. 掌握并描述颈椎和腰椎的屈曲、伸展、旋转、侧屈运动及主要肌群。
3. 结合脊柱模型,熟悉椎间盘的功能,腰椎稳定性的主要组成因素,姿势对腰椎结构和功能的影响。

【课前准备】

1. 颈椎、腰椎的骨性结构特征及躯干的体表骨性标记。
2. 颈椎、腰椎关节的主要运动及正常范围,产生这些关节活动的肌肉名称。
3. 熟悉脊柱模型。

【实训器材】

1. 颈椎、腰椎模型
2. 量角器
3. 诊断床(或 PT 床)
4. 标记笔和稿纸

【实训步骤】

本次实验学生应穿着易暴露颈椎和腰椎的合适衣服或紧身衣,在接下来的每一个活动中,以 4~6 人为一小组,轮流作为测试者和被测者。

1. 体表骨性标记　坐立位，暴露颈椎和腰椎，触摸并用标记笔分别标记。

(1)颈椎：$C_{2\sim7}$的棘突、关节突和横突。

(2)腰椎：$L_{1\sim5}$的棘突、关节突和横突。

2. 测定颈椎和腰椎关节的运动范围，并填写相关肌群。

注意：体位、量角器的放置，包括量角器的轴心、固定臂和运动臂。

3. 结合颈椎和腰椎模型，观摩椎间盘在腰椎做生理活动时的反应，分析椎间盘的功能，腰椎稳定性的主要组成因素。

【讨论】

1. 写出颈椎和腰椎周围的肌肉，并讨论、分析这些肌肉的分类及作用？
2. 结合活动3分析姿势对腰椎结构和功能的影响，分析腰椎稳定性的主要组成因素。

（黄晓琳）

实训九　髋关节与骨盆

【学时】

3学时

【目的】

1. 掌握髋和骨盆的体表标记。
2. 掌握髋关节的运动：屈伸，内收、外展，旋内、旋外，环转及测量方法，并叙述产生运动的主要肌群。
3. 掌握髋关节的组成，限制髋关节运动幅度的因素。
4. 掌握髋肌作用的功能。
5. 熟悉骨盆前后倾斜及腰盆节律。

【课前准备】

1. 髋区和盆区包含的关节及骨性标志。
2. 髋关节周围肌肉的功能、起止点，以及所受支配的神经。

【实训器材】

1. 髋关节模型
2. 量角器
3. 诊断床(或PT床)
4. 标记笔和稿纸

【实训步骤】

本次实验学生应穿着合适的衣服或紧身衣，在接下来的每一个活动中，以4~6人为一小组，轮流作为测试者和被测者。

1. 寻找体表骨性标记 坐立位或采用卧位（俯卧位与仰卧位），触摸并用标记笔分别标记。

（1）髂骨：髂嵴、髂结节、髂前上棘、髂前下棘、髂后上棘、髂后下棘。

（2）耻骨：耻骨结节、耻骨联合上缘。

（3）股骨：股骨干、股骨大转子。

2. 结合髋关节模型，认识髋关节的组成 髋关节的关节囊、韧带（髂股韧带、耻股韧带、坐股韧带、股骨头韧带）、滑膜和滑膜囊等。

3. 测量髋关节的屈伸、收展、旋转的角度并在体表触摸产生运动的主要肌群。

注意：体位、量角器的放置，包括量角器的轴心、固定臂和运动臂。

4. 骨盆倾斜及腰盆节律 做出骨盆前倾、后倾的动作及腰盆同向及反向节律。

【讨论】

1. 在活动1中髂嵴、股骨大转子、髂前上棘、髂前下棘、坐骨结节分别是哪些肌肉的附着点？
2. 通过活动2，讨论哪些因素限制髋关节的运动？
3. 通过活动3，讨论在不同体位下，髋肌的作用功能有哪些变化？
4. 在活动4中，骨盆前后倾斜都有哪些肌肉参与？

（王 艳）

实训十 膝关节

【学时】

3学时

【目的】

1. 掌握膝关节的组成及体表标志。
2. 掌握胫股关节、髌股关节的组成及运动。
3. 掌握膝关节屈伸肌、旋转肌及膝部的双关节肌的运动组合。
4. 掌握Q角的测量方法。

【课前准备】

1. 胫股关节和髌股关节的解剖结构。
2. 膝关节的主要运动及产生这些动作的主要肌肉的名称、起止点及其所受支配的神经。
3. 膝关节的半月板及韧带。
4. 理解Q角的定义。

【实训器材】

1. 膝关节模型

2. 量角器
3. 诊断床(或 PT 床)
4. 标记笔
5. 稿纸

【实训步骤】

本次实验学生应穿着易暴露膝关节的合适衣服,在接下来的每一个活动中,以4~6人为一小组,轮流作为测试者和被测者。

1. 标记体表标志 坐立位,暴露一侧膝关节,或采用卧位(仰卧位)触摸并用标记笔分别标记。

(1)股骨远端:内外侧髁、内外上髁、髁间滑车沟。

(2)胫腓骨近端:胫骨近端、胫骨小头、腓骨近端、胫骨粗隆、胫股关节线。

(3)韧带:髌韧带、内侧副韧带、鹅足。

(4)髌骨、内外侧半月板。

2. 结合膝关节模型,认识膝关节的运动及组成 胫股关节、髌股关节、上胫腓关节、关节软骨、韧带和半月板。

3. 测量膝关节的屈伸和轴旋转的角度,并在体表触摸产生运动的主要肌群。

注意:体位、量角器的放置,包括量角器的轴心、固定臂和运动臂。

4. Q 角的测量。

【讨论】

1. 在活动 2 中,哪些因素限制了膝关节的运动?
2. 通过活动 3,讨论膝关节与髋关节在步行中是如何相互作用的。
3. 通过活动 3,讨论在作用于膝关节的双关节肌是如何发挥作用的。
4. Q 角的临床意义。

(王　艳)

实训十一　踝　和　足

【学时】

3 学时

【目的】

1. 掌握和(或)指出踝、足的体表标记。
2. 熟悉踝、足各方向关节运动及相关肌群的运动,加深对踝、足部运动学的理解。
3. 结合踝、足模型,熟悉踝、足关节的功能及稳定性的主要组成因素。

【实训器材】

1. 踝、足模型

2. 量角器
3. 诊断床(或 PT 床)
4. 标记笔
5. 稿纸

【实训步骤】

本次实验学生应穿着易暴露踝、足的合适裤子,在接下来的每一个活动中,以 4~6 人为一小组,轮流作为测试者和被测者。

1. 标记踝、足主要体表骨性标志 坐立位,暴露踝、足,触摸并用标记笔分别标记:

(1)踝:内踝、外踝、跟骨结节。

(2)足:舟骨结节、距骨、骰骨、内侧楔骨、中间楔骨和外侧楔骨、跖骨、趾骨。

2. 测定踝、足关节的运动范围,并填写相关肌群。

注意:体位、量角器的放置,包括量角器的轴心、固定臂和运动臂。

3. 结合踝、足模型,填写踝、足各关节主要韧带。

4. 在两张白纸上分别取得两位同学坐位(浅足印)和站位(深足印)时右足的足印。

【讨论】

1. 讨论分析踝关节的运动特点及周围肌肉的分类与作用?

2. 踝关节外侧副韧带的结构特点是什么? 为什么多数踝关节扭伤为内翻性扭伤? 主要损伤哪些韧带?

3. 根据活动 4,讨论:

(1)站立位时,足底的主要承重点是什么?

(2)体重增加时,足印面积发生怎样的变化(由坐位转成站立位时)? 足弓结构在其中所起的作用是什么?

(3)根据足印上标出的内侧纵弓和外侧纵弓,分析两位同学足弓高度是否正常?

(徐冬青)

实训十二 步态分析

【学时】

3 学时

【目的】

1. 学会分析影响步态的因素。
2. 掌握步态分析的时空参数。
3. 了解异常步态是怎样影响肢体功能的。

【课前准备】

1. 复习神经系统运动控制的各个层面。

2. 步态的定义及步态的时空参数。
3. 常见异常步态。

【实训器材】

1. 秒表、皮尺
2. 10 米步道
3. 伸膝支具
4. 运动捕捉系统
5. 表面肌电图
6. 测力台
7. 标记笔、稿纸及墨

【实训步骤】

本次实验学生应穿着紧身的衣服及球鞋，4~6 人为一小组进行，在不同的试验中，轮流作为测试者和被测者，测试结束后轮流汇报讨论结果。

一、简易步态分析

1. 正常步态的时空参数测试 利用 10m 长的步道，1 位同学作为被测试者在步道上以正常速度行走，鞋底抹上墨迹，其他同学分别记录其步行时间、步数，并在其停止后，测量其 3 个步态周期的步长、跨步长、步宽及足角，取平均值。重复测试 3 位同学。

2. 异常步态的时空参数测试 利用 10m 长的步道，1 位同学作为被测试者穿戴伸膝支具，在步道上行走，鞋底抹上墨迹，其他同学分别记录其步行时间、步数，并在其停止后，测量其 3 个步态周期的步长、跨步长、步宽及足角，取平均值。重复测试 3 位同学。

二、步态分析实验室测试

1. 正常步态的时空参数测试 利用 10m 长的步道，1 位同学作为被测试者，在步道上以正常速度行走，在双侧股四头肌、臀大肌、胫骨前肌、腓肠肌进行表面肌电的同步测试，在双侧髋、膝、踝、足安装动作捕捉标记，系统自动记录相关步态参数。重复测试 3 遍。

2. 异常步态的时空参数测试 利用 10m 长的步道，1 位同学作为被测试者，穿戴伸膝支具在步道上行走，在双侧股四头肌、臀大肌、胫骨前肌、腓肠肌进行表面肌电的同步测试，在双侧髋、膝、踝、足安装动作捕捉标记，系统自动记录相关步态参数。重复测试 3 遍。

【讨论】

1. 对比在简易步态分析中正常及异常步态的参数。
2. 对比在步态分析系统测试中得到的参数。
3. 在步行周期的不同时相，下肢哪些肌肉及关节将参与活动。
4. 躯干及上肢将参与步态活动吗？

（敖丽娟）

第二部分　实训记录表

实训课一　记　录　表

实验名称	运动中的生物力学作用			
学时数	3		小组成员	
目的	1. 掌握运动生物力学的相关基本概念。 2. 理解力的概念以及内力和外力相互关系对人体运动的影响。 3. 熟悉人体关节运动顺序原理及杠杆原理。			
要求	1. 穿着舒适的衣服，在操作中注意安全，遵守实验室管理规定。 2. 爱护实验设备，有实验设备破损，请及时向老师汇报。 3. 严格按照实训步骤进行操作。 4. 要求每位同学在此次课程中积极参加讨论。			
所需器材	序号	名称	数量	备注
	1	硬币		
	2	身高计		
	3	平衡训练球		
	4	电子秤		
	5	秒表计时器		
	6	跳绳		
	7	体操垫		
	8	白纸		
	9	墨汁		

续表

<table>
<tr><td colspan="6">实验操作记录
1. 人体运动学参数描述

安静心率（次/min）		跳绳（次/min）		运动后心率（次/min）	
参数类别					
参数特征					

2. 要求观察者的同伴背靠墙站着，足跟必须紧贴墙面。放一枚硬币在他面前的地上，并要求他捡起来，但双脚不能移动。请描述人体运动表现。

3. 要求观察者的同伴在体操垫和地面完成跳跃动作，并做到尽可能地高。请描述人体运动表现。

4. 要求观察者的同伴完成三种姿势的仰卧起坐（每组动作间隔 10~15 分钟），记录：次/min。请描述人体运动表现。

5. 要求你的同伴右侧靠墙站立，肩、髋、踝必须紧贴墙面，要求他靠右侧单腿站立。请描述人体运动表现。</td></tr>
</table>

续表

讨论记录	
1. 在要求同伴在不同支撑面跳跃的试验中，你学到什么？ 2. 在要求同伴背靠墙站立并捡起地上的硬币试验中，你学到什么？ 3. 在要求同伴右侧靠墙站着并靠墙侧单腿站立的试验中，你学到什么？ 4. 在要求同伴完成三种姿势的仰卧起坐动作的试验中，你学到什么？	
教师评语	

学生签名：________________ 教师签名：________________

实训课二 记 录 表

<table>
<tr><td>实验名称</td><td colspan="4">骨生物力学测试(3点弯曲试验)</td></tr>
<tr><td>学时数</td><td colspan="2">3</td><td>小组成员</td><td></td></tr>
<tr><td>目的</td><td colspan="4">1. 掌握骨应力、应变的概念。
2. 了解骨生物力学的相关概念和骨生物力学测试的方法。
3. 熟悉骨组织在外力作用下的力学特性和骨在受力作用后的生物学效应以及与骨质量评定的关系。</td></tr>
<tr><td>要求</td><td colspan="4">1. 遵守实验室管理规定。
2. 爱护实验设备,有实验设备破损,请及时向老师汇报。
3. 严格按照实训步骤进行操作。
4. 试验过程中边观察边思考,积极参加讨论。</td></tr>
<tr><td rowspan="7">所需器材</td><td>序号</td><td>名称</td><td>数量</td><td>备注</td></tr>
<tr><td>1</td><td>大鼠股骨标本</td><td></td><td></td></tr>
<tr><td>2</td><td>生理盐水</td><td></td><td></td></tr>
<tr><td>3</td><td>纱布</td><td></td><td></td></tr>
<tr><td>4</td><td>冰箱</td><td></td><td></td></tr>
<tr><td>5</td><td>游标卡尺</td><td></td><td></td></tr>
<tr><td>6</td><td>质构仪(或其他应力、应变测试仪器)</td><td></td><td></td></tr>
</table>

实验操作记录

1. 保存骨标本:将骨标本(大鼠股骨)用生理盐水浸透的纱布包裹,贮存于-20℃保存,测定前取出,室温下放置12小时。

2. 测定骨标本大小:在做“3点弯曲试验”之前,先找出骨标本的容易断裂点,再测量其外径,试验后在断裂面上测量其内径。

测量骨标本大小指标主要有四个:外长轴直径(B)、外短轴直径(H)、内长轴直径(b)和内短轴直径(h)。具体操作方法:采用游标卡尺法,在容易断裂的可能位点上,测量其外径最大和最小轴的数据,所测相应数据即分别是骨标本的外长轴和外短轴直径。

3. 3点弯曲试验

步骤一,设置弯曲试验跨距:通常在试验开始前,应设置弯曲试验跨距,跨距应为标本直径的16倍。大鼠长骨跨距设置为15mm。

步骤二,设置检测参数及调试仪器:将质构仪检测软件从计算机中调出,设置检测参数。一般情况下,大鼠长骨的加载速度为15mm/min,探头接触标本后继续运动2.5mm。

步骤三,开始弯曲试验:仪器调试正常后,将骨标本的宽面朝上,点击计算机界面上的运行按钮,开始弯曲试验。在骨骼标本断裂后,计算机界面上出现曲线。

4. 记录与分析测定的数据

续表

骨材料力学指标	骨应力	最大应力	弹性应力	骨弹性模量	骨强度
测定结果					
骨结构力学指标	最大载荷	最大挠度	弹性载荷	弹性挠度	能量吸收
测定结果					
骨标本大小指标	外长轴直径	外短轴直径	内长轴直径	内短轴直径	
测定结果					

讨论记录

1. 讨论骨硬度、骨强度与骨成分、骨结构的关系。

2. 骨材料力学指标和骨结构力学指标分别反映骨的什么性质？

3. 发生疲劳性骨折的骨生物力学基础是什么？

教师评语	

学生签名：____________ 教师签名：____________

实训课三 记 录 表

<table>
<tr><td>实验名称</td><td colspan="4">关节运动学基础</td></tr>
<tr><td>学时数</td><td>3</td><td colspan="2">小组成员</td><td></td></tr>
<tr><td>目的</td><td colspan="4">1. 采用合适的起始位置测量关节运动范围。
2. 了解拮抗肌和其他软组织对关节运动范围的影响。
3. 了解升温对关节运动范围的影响。
4. 确定最适合的工具,用于测量不同的关节。</td></tr>
<tr><td>要求</td><td colspan="4">1. 遵守实验室管理规定。
2. 爱护实验设备,有实验设备破损,请及时向老师汇报。
3. 严格按照实训步骤进行操作。
4. 试验过程中边观察边思考,积极参加讨论。</td></tr>
<tr><td rowspan="5">所需器材</td><td>序号</td><td>名称</td><td>数量</td><td>备注</td></tr>
<tr><td>1</td><td>量角器</td><td></td><td></td></tr>
<tr><td>2</td><td>量尺</td><td></td><td></td></tr>
<tr><td>3</td><td>检查床</td><td></td><td></td></tr>
<tr><td>4</td><td>标记笔与稿纸</td><td></td><td></td></tr>
</table>

实验操作记录

1. 测量受试者在最适合的初始位置时,髋部屈曲范围,这个位置可以让受试者得到最有效地支撑,以方便治疗师的治疗。

2. 将以上测量结果与其他不同膝关节位置时髋部的屈曲范围做比较。

3. 测量并比较在髋部屈、后伸和中立位置时的膝关节屈曲范围。

4. 测量脊柱从 C_7 到 L_5 的屈曲范围。

续表

5. 测量颈椎的旋转范围。   6. 测量踝关节背屈的范围。   7. 完成上述测量后，学生在室外慢跑 10 分钟。   8. 慢跑之后，返回实验室重复 4 ~6 实训步骤的测量。   9. 测量右肩的最大外展范围，并与双侧肩共同外展的测量结果进行比较。
讨论记录 1. 从活动 1 和活动 2 中，你学到了什么？   2. 在活动 3 中，通过对在不同髋位时的膝关节活动范围的测量，你发现了什么？为什么？

续表

3. 升温对关节的运动范围有什么影响？这有什么临床意义？

教师评语	

学生签名：____________　　　教师签名：____________

实训课四　记　录　表

实验名称	肌肉运动学		
学时数	3	小组成员	
目的	1. 采取恰当的起始位来测量上肢和下肢的肌力。 2. 理解肌肉长度对于力量的影响。 3. 比较拮抗肌肌组之间的力量。 4. 理解肌疲劳对于力量输出的影响。		
要求	1. 穿着易暴露上肢和下肢的合适衣服，在操作中注意安全，遵守实验室管理规定。 2. 爱护实验设备，有实验设备破损，请及时向老师汇报。 3. 严格按照实训步骤进行操作。 4. 要求每位同学在此次课程中积极参加讨论。		

续表

所需器材	序号	名称	数量	备注
	1	测力计		
	2	量角器		
	3	秒表		
	4	绑式沙袋(2kg)		
	5	检查床		
	6	稿纸		

实验操作记录

活动1：

实验次数	肩外展保持的时间(秒)	
	男	女
第一次		
第二次		

活动2：

髋屈曲角度(度)	屈膝肌力		伸膝肌力	
	男	女	男	女
0°				
15°				
30°				
45°				
60°				
75°				
90°				

活动3：

受试者	屈膝肌力		伸膝肌力	
	男	女	男	女
1.				
2.				
3.				
4.				

续表

<table>
<tr><td colspan="2">讨论记录
1. 活动1中，你的受试者两次实验分别坚持多久？
2. 从活动1中，你学习到什么？
3. 在活动2中，你是否注意在髋关节处于不同位置时，屈膝肌与伸膝肌力的改变，为什么？
4. 在活动3中，伸膝肌和屈膝肌所产生的肌力比如何？
5. 肌力比的临床意义是什么？
6. 在3项活动中，是否显现出性别的不同？有什么不同？</td></tr>
<tr><td>教师评语</td><td></td></tr>
</table>

学生签名：____________ 教师签名：____________

实训课五　记　录　表

<table>
<tr><td>实验名称</td><td colspan="4">肩复合体</td></tr>
<tr><td>学时数</td><td colspan="2">3</td><td>小组成员</td><td></td></tr>
<tr><td>目的</td><td colspan="4">1. 标记肩部体表骨性标志，触及主要的肌肉（起止点）并掌握其功能。
2. 采取适当的体位，观察正常关节运动，以及对其活动范围（幅度）进行测量。
3. 对肩关节复合体概念有更深刻地理解。</td></tr>
<tr><td>要求</td><td colspan="4">1. 穿着易暴露上肢和（或）肩关节的合适衣服，在操作课中注意安全，遵守实验室管理规定和医学伦理道德。
2. 爱护实验设备，保持环境整洁，有事请及时向老师汇报，进行沟通。
3. 严格按照操作步骤进行。
4. 要求每位同学在此次课程中，积极参加讨论。</td></tr>
<tr><td rowspan="4">所需器材</td><td>序号</td><td>名称</td><td>数量</td><td>备注</td></tr>
<tr><td>1</td><td>量角器</td><td></td><td></td></tr>
<tr><td>2</td><td>诊断床（PT 床）</td><td></td><td></td></tr>
<tr><td>3</td><td>标记笔和稿纸</td><td></td><td></td></tr>
</table>

实验操作记录

1. 寻找体表骨性标记：在找到的部位标记，老师确认后打钩。

（1）肩胛骨：肩峰、肩胛冈、肩胛角、肩胛冈三角、上角、下角、喙突、内侧缘和外侧缘。

（2）锁骨：锁骨体、肩锁关节、胸锁关节。

（3）肱骨近端：大结节、小结节、结节间沟。

（4）胸骨：胸骨柄、颈静脉切迹、胸骨角。

2. 触摸肩胛胸壁关节的运动及其相关肌群：请在冒号后填写相关肌群。

（1）上抬与下沉：

（2）前伸与后缩：

（3）上旋与下旋：

3. 测量肩关节主动运动的角度并触摸相关肌群：请在冒号后填写相关肌群，表格内填写相关角度。

（1）内收与外展：

<table>
<tr><td rowspan="3">肩外展</td><td>冠状面最大外展角</td><td>肩胛骨平面最大外展角</td></tr>
<tr><td></td><td></td></tr>
<tr><td>肩胛胸壁关节</td><td>盂肱关节</td></tr>
<tr><td>30°</td><td></td><td></td></tr>
<tr><td>60°</td><td></td><td></td></tr>
<tr><td>90°</td><td></td><td></td></tr>
<tr><td>120°</td><td></td><td></td></tr>
<tr><td>180°</td><td></td><td></td></tr>
</table>

续表

(2)屈曲与伸展：

肩关节	屈曲	伸展
男		
女		

(3)内旋与外旋：

肩关节	内旋	外旋
男		
女		

注意：体位、量角器的放置，包括量角器的轴心、固定臂和运动臂。

4. 在下列表中填入当肩关节在做不同方向的运动时，三角肌不同部分的协同作用。

三角肌	前屈	外展	后伸
前部			
中部			
后部			

讨论记录

1. 在上述 2~3 项活动中，都有哪些关节和肌肉参与运动？

2. 冠状面最大外展角与肩胛骨平面最大外展角相同吗？为什么？

3. 三角肌的前、中、后三束在盂肱关节内收和外展运动中起到什么作用？

4. 通过实验，对肩关节复合体的概念有何体会？

教师评语	

学生签名：________________ 教师签名：________________

实训课六 记 录 表

<table>
<tr><td>实验名称</td><td colspan="5">肘关节及前臂复合体</td></tr>
<tr><td>学时数</td><td>3</td><td colspan="2">小组成员</td><td colspan="2"></td></tr>
<tr><td>目的</td><td colspan="5">1. 标记肘和前臂的体表骨性标志，触及主要的肌肉（起止点）并掌握其功能。
2. 采取适当的体位，观察正常关节运动，以及对其活动范围（幅度）进行测量。
3. 对功能弧度概念有更深刻地理解。</td></tr>
<tr><td>要求</td><td colspan="5">1. 穿着易暴露上肢的合适衣服，在操作课中注意安全，遵守实验室管理规定和医学伦理道德。
2. 爱护实验设备，保持环境整洁，如有实验设备破损，请及时向老师汇报。
3. 严格按照操作步骤进行。
4. 要求每位同学在此次课程中，积极参加讨论。</td></tr>
<tr><td rowspan="6">所需器材</td><td>序号</td><td>名称</td><td>数量</td><td colspan="2">备注</td></tr>
<tr><td>1</td><td>量角器</td><td></td><td colspan="2"></td></tr>
<tr><td>2</td><td>诊断床（PT 床）</td><td></td><td colspan="2"></td></tr>
<tr><td>3</td><td>标记笔和稿纸</td><td></td><td colspan="2"></td></tr>
<tr><td>4</td><td>碗、勺</td><td></td><td colspan="2"></td></tr>
<tr><td>5</td><td>电话</td><td></td><td colspan="2"></td></tr>
</table>

实验操作记录

1. 标记体表骨性标志：在找到的部位标记，老师确认后打钩。

（1）肱骨远端：肱骨内上髁、肱骨外上髁、肱骨小头。

（2）尺骨：鹰嘴、尺神经沟、肱尺关节、尺骨茎突、尺骨头和下尺桡关节。

（3）桡骨：桡骨头、肱桡关节、上尺桡关节、桡骨茎突。

2. 测量同伴肘关节的外翻角（提携角）、屈伸角，男女同学分别测量并填入角度，并在下一栏填入与肘关节屈伸运动相关的肌群：

肘关节	提携角	屈曲	伸展	过伸
男				
女				
相关的肌群				

3. 请测量同伴前臂的旋前与旋后、主动与被动运动角度及相关肌群，填入下表：

前臂联合关节	旋前	旋后
主动		
被动		
相关的肌群		

注意：体位及代偿，量角器的放置，包括量角器的轴心、固定臂和运动臂。

续表

4. 请将同伴4种日常生活活动时,肘关节及前臂复合体所需的活动范围填入下表:

	开门	用勺吃饭	读报	打电话
屈肘				
旋前				
旋后				

讨论记录

1. 肘关节和前臂运动中,都有哪些关节和肌肉参与运动?

2. 为什么说肱二头肌又是旋后肌,怎样在屈肘时抵消其旋后作用?

3. 通过活动4,体会肘关节的功能弧度;如肘关节功能受限,将产生怎样的后果?

教师评语	

学生签名:________________ 教师签名:________________

实训课七（Ⅰ）记录表

<table>
<tr><td>实验名称</td><td colspan="4">腕关节</td></tr>
<tr><td>学时数</td><td colspan="2">1.5</td><td>小组成员</td><td></td></tr>
<tr><td>目的</td><td colspan="4">1. 标记腕部体表骨性标志，触及主要的肌肉（起止点），并掌握其功能。
2. 采取适当的体位，观察正常关节运动，以及对其活动范围（幅度）进行测量。
3. 对腕和手的相互影响有更深刻地理解。</td></tr>
<tr><td>要求</td><td colspan="4">1. 在操作课中注意安全，遵守实验室管理规定和医学伦理道德。
2. 爱护实验设备，保持环境整洁，有事请及时向老师汇报沟通。
3. 必须按照操作步骤进行。
4. 要求每位同学在此次课程中积极参加讨论。</td></tr>
<tr><td rowspan="6">所需器材</td><td>序号</td><td>名称</td><td>数量</td><td>备注</td></tr>
<tr><td>1</td><td>腕关节模型</td><td></td><td></td></tr>
<tr><td>2</td><td>量角器</td><td></td><td></td></tr>
<tr><td>3</td><td>诊断床（PT 床）</td><td></td><td></td></tr>
<tr><td>4</td><td>标记笔和稿纸</td><td></td><td></td></tr>
<tr><td>5</td><td>握力计</td><td></td><td></td></tr>
</table>

实验操作记录

1. 体表骨性标记：在找到的部位标记，老师确认后打钩。

（1）桡骨：桡骨茎突、桡骨小头。

（2）尺骨：尺骨头、尺骨鹰嘴。

（3）腕骨：大多角骨、小多角骨、头状骨、钩骨、舟骨、月骨、三角骨、豌豆骨。

2. 测量腕关节屈曲、伸展、尺偏、桡偏角度，并在体表触摸产生运动的主要肌群。

腕关节	屈曲	伸展	尺偏	桡偏
角度				
相关主要肌群				

注意：量角器的放置，包括量角器的轴心、固定臂和运动臂。

3. 在腕部模型及身体上找到下列结构，在找到的部位标记，老师确认后打钩。

（1）关节：桡腕关节、腕骨间关节、腕掌关节

（2）主要韧带：掌侧韧带、背侧韧带以及内在骨间韧带

（3）腕管

续表

4. 利用握力计,测量本组同学在屈腕位和伸腕位的握力并记录。

握力	屈腕位	伸腕位

讨论记录

1. 在活动 2 中,哪些关节和肌肉参与了运动?

2. 通过活动 3,讨论腕管的结构与腕管综合征的关系?

3. 在活动 4 中,我们有什么样的发现,在腕和手运动的相互影响中我们学到什么?

教师评语	

学生签名:______________ 教师签名:______________

实训课七（Ⅱ） 记 录 表

<table>
<tr><td>实验名称</td><td colspan="4">手指关节</td></tr>
<tr><td>学时数</td><td colspan="2">3</td><td>小组成员</td><td></td></tr>
<tr><td>目的</td><td colspan="4">1. 标记手上的体表骨性标志，触及主要的肌肉及起止点，并掌握其功能。
2. 采取适当的体位，观察正常关节运动，以及对其活动范围进行测量。
3. 对精细握和有力握的相互关系有更深刻地理解。</td></tr>
<tr><td>要求</td><td colspan="4">1. 在操作课中注意安全，遵守实验室管理规定和医学伦理道德。
2. 爱护实验设备，保持环境整洁，如有实验设备破损，请及时向老师汇报。
3. 严格按照操作步骤进行。
4. 要求每位同学在此次课程中，积极参加讨论。</td></tr>
<tr><td rowspan="5">所需器材</td><td>序号</td><td>名称</td><td>数量</td><td>备注</td></tr>
<tr><td>1</td><td>手部模型</td><td></td><td></td></tr>
<tr><td>2</td><td>量角器</td><td></td><td></td></tr>
<tr><td>3</td><td>治疗桌</td><td></td><td></td></tr>
<tr><td>4</td><td>标记笔和稿纸</td><td></td><td></td></tr>
</table>

实验操作记录

1. 在手部模型及自身体表找到相应骨性标记，请老师确认后打钩。

(1)掌骨:5 块掌骨底、掌骨头。

(2)指骨:14 块指骨。

2. 测量手指各关节的角度，并填写相关肌群。

<table>
<tr><td colspan="2"></td><td>屈-伸</td><td>主要肌群</td><td>收-展</td><td>主要肌群</td></tr>
<tr><td colspan="2">第 1 腕掌关节</td><td></td><td></td><td></td><td></td></tr>
<tr><td colspan="2">第 1 掌指关节</td><td></td><td></td><td></td><td></td></tr>
<tr><td colspan="2">第 2 掌指关节</td><td></td><td></td><td></td><td></td></tr>
<tr><td colspan="2">第 3 掌指关节</td><td></td><td></td><td></td><td></td></tr>
<tr><td colspan="2">第 4 掌指关节</td><td></td><td></td><td></td><td></td></tr>
<tr><td colspan="2">第 5 掌指关节</td><td></td><td></td><td></td><td></td></tr>
<tr><td colspan="2">第 1 指间关节</td><td></td><td></td><td></td><td></td></tr>
<tr><td rowspan="4">近端指间关节</td><td>食指</td><td></td><td></td><td></td><td></td></tr>
<tr><td>中指</td><td></td><td></td><td></td><td></td></tr>
<tr><td>环指</td><td></td><td></td><td></td><td></td></tr>
<tr><td>小指</td><td></td><td></td><td></td><td></td></tr>
<tr><td rowspan="4">远端指间关节</td><td>食指</td><td></td><td></td><td></td><td></td></tr>
<tr><td>中指</td><td></td><td></td><td></td><td></td></tr>
<tr><td>环指</td><td></td><td></td><td></td><td></td></tr>
<tr><td>小指</td><td></td><td></td><td></td><td></td></tr>
</table>

续表

注意：体位、量角器的放置，包括量角器的轴心、固定臂和运动臂。	
3. 在自身手部画出正中神经、桡神经、尺神经感觉支配区。	
讨论记录 1. 手部的外在肌和固有肌都有哪些？这些肌肉都分别由哪些神经支配？ 2. 指屈肌腱鞘滑车系统在手指的活动中的作用。 3. 讨论有力握（power grip）和精细握（precision grip）之间的关系。	
教师评语	

学生签名：________________　　教师签名：________________

实训课八 记 录 表

实验名称	脊柱				
学时数	3	小组成员			
目的	1. 标记颈椎和腰椎的骨性标志，触及主要的肌肉及起止点，并掌握其功能。 2. 采取适当的体位，观察正常关节运动，以及对其活动范围进行测量。 3. 对椎间盘的功能和腰椎稳定性的主要组成因素有更深刻地理解。				
要求	1. 穿着易暴露颈椎和腰椎的合适衣服，在操作课中注意安全，遵守实验室管理规定和医学伦理道德。 2. 爱护实验设备，保持环境整洁，有事请及时向老师汇报沟通。 3. 严格按照操作步骤进行。 4. 要求每位同学在此次课程中，积极参加讨论。				
所需器材	序号	名称	数量	备注	
	1	颈椎和腰椎模型			
	2	量角器			
	3	诊断床（PT 床）			
	4	标记笔和稿纸			

实验操作记录

1. 体表骨性标记：在找到的部位标记，老师确认后打钩。

（1）颈椎：$C_{2\sim7}$的棘突、关节突和横突。

（2）腰椎：$L_{1\sim5}$的棘突、关节突和横突。

2. 测定颈椎和腰椎关节的运动范围，并填写相关肌群。

脊柱		屈伸	侧屈	旋转
颈椎	角度			
	相关肌群			
腰椎	角度			
	相关肌群			

注意：体位、量角器的放置，包括量角器的轴心、固定臂和运动臂。

续表

3. 结合颈椎和腰椎模型，观摩并记录椎间盘在做如下生理活动时的反应。

	屈伸	侧屈	旋转
椎间盘的反应			

讨论记录

1. 写出颈椎和腰椎周围的肌肉，并讨论分析这些肌肉的分类及作用？

2. 结合活动3，分析姿势对腰椎结构和功能的影响，分析腰椎稳定性的主要组成因素。

教师评语	

学生签名：______________ 教师签名：______________

实训课九 记 录 表

实验名称	髋关节与骨盆				
学时数	3	小组成员			
目的	1. 标记髋关节和骨盆体表骨性标志，触及主要的肌肉(起止点)并掌握其功能。 2. 采取适当的体位，观察正常关节运动，以及对其活动范围(幅度)进行测量。 3. 对髋肌作用的功能有深入地理解。 4. 对骨盆前后倾斜及腰盆节律能有较深入地理解。				
要求	1. 在操作课中注意安全，遵守实验室管理规定和医学伦理道德。 2. 爱护实验设备，保持环境整洁，有事请及时向老师汇报沟通。 3. 严格按照操作步骤进行。 4. 要求每位同学在此次课程中，积极参加讨论。				
所需器材	序号	名称	数量	备注	
	1	髋关节模型			
	2	量角器			
	3	诊断床(PT 床)			
	4	标记笔和稿纸			

实验操作记录

1. 寻找体表骨性标记：在找到的部位标记，老师确认后打钩。

(1)髂骨：髂嵴、髂结节、髂前上棘、髂前下棘、髂后上棘、髂后下棘。

(2)耻骨：耻骨结节、耻骨联合上缘。

(3)股骨：股骨干、股骨大转子。

2. 测量髋关节的屈、伸，内收、外展，旋内、旋外的角度及相关的肌群。

髋关节	屈曲	伸展	内收	外展	旋内	旋外
角度						
主要肌群						
次要肌群						

注意：体位、量角器的放置，包括量角器的轴心、固定臂和运动臂。

续表

3. 测量髋关节在不同体位下，屈曲角度的变化并触摸相关肌群。

体位	角度	参与肌肉
直立位屈髋		
坐位屈髋		
仰卧位坐起		
仰卧位直腿抬高		

4. 骨盆前后倾斜的动作。

(1)腰盆同向节律：骨盆和腰椎在同一方向旋转，站立位，当腰椎屈曲时，骨盆同时前倾，也就是多部位屈曲动作（躯干屈曲，头由前方向地面的运动）；当腰椎伸展时，骨盆同时后倾，也就是多部位伸展动作（躯干后伸，头由后方向地面运动）。

(2)腰盆反向节律：当骨盆向一个方向转动时，腰椎同时向另一方向转动，站立位，当腰椎伸展时，骨盆前倾，也就是翘臀动作；当腰椎屈曲时，骨盆同时后倾。

讨论记录

1. 在活动1中，髂嵴、股骨大转子、髂前上棘、髂前下棘、坐骨结节是哪些肌肉的附着点？

2. 通过活动2，讨论哪些因素限制髋关节的运动？

3. 通过活动3，讨论在不同体位下，相关肌群作用功能有哪些变化？

4. 在活动4中，骨盆前后倾斜主要有哪些肌肉参与？

教师评语	

学生签名：____________ 教师签名：____________

实训课十 记 录 表

<table>
<tr><td>实验名称</td><td colspan="4">膝关节</td></tr>
<tr><td>学时数</td><td>3</td><td>小组成员</td><td colspan="2"></td></tr>
<tr><td>目的</td><td colspan="4">1. 标记膝关节的体表标志，触及主要的肌肉(起止点)并掌握其功能。
2. 采取适当的体位并结合模型观察正常关节运动，并对其活动度进行测量。
3. 对作用于膝关节的双关节肌的功能有深入地理解。
4. 对Q角的测量方法及临床意义有深入地理解。</td></tr>
<tr><td>要求</td><td colspan="4">1. 穿着易暴露膝关节的合适衣服，在操作课中注意安全，遵守实验室管理规定和医学伦理道德。
2. 爱护实验设备，保持环境整洁，如有实验设备破损，请及时向老师汇报。
3. 严格按照操作步骤进行。
4. 要求每位同学在此次课程中，积极参加讨论。</td></tr>
<tr><td rowspan="5">所需器材</td><td>序号</td><td>名称</td><td>数量</td><td>备注</td></tr>
<tr><td>1</td><td>膝关节模型</td><td></td><td></td></tr>
<tr><td>2</td><td>量角器</td><td></td><td></td></tr>
<tr><td>3</td><td>诊断床(PT 床)</td><td></td><td></td></tr>
<tr><td>4</td><td>标记笔和稿纸</td><td></td><td></td></tr>
</table>

实验操作记录

1. 标记体表标志：在找到的部位标记，老师确认后打钩。

(1)股骨远端：内外侧髁、内外上髁、髁间滑车沟。

(2)胫腓骨近端：胫骨近端、胫骨小头、腓骨近端、胫骨粗隆、胫股关节线。

(3)韧带：髌韧带、内侧副韧带、鹅足。

(4)髌骨、内外侧半月板。

2. 膝关节双关节肌的运动组合。

体位	角度	参与的肌肉
伸髋位屈膝		
伸髋位伸膝		
屈髋位屈膝		
屈髋位伸膝		
屈膝位踝跖屈		
伸膝位踝跖屈		

续表

3. 测量膝关节屈曲、伸展和旋转的角度及相关的肌群。

膝关节	屈曲	伸展	内收	外展	旋转
角度					
主要肌群					

注意：体位、量角器的放置，包括量角器的轴心、固定臂和运动臂。

4. Q 角的测量。

受试者性别	编号	年龄	Q 角值	临床意义
男	1			
	2			
	3			
女	1			
	2			
	3			

讨论记录

1. 在活动 2 中，哪些因素限制了膝关节的运动？

2. 通过活动 3，讨论髌股关节是如何运动的。

3. 通过活动 3，讨论在作用于膝关节的双关节肌是如何发挥作用的。

4. Q 角的大小及临床意义。

教师评语	

学生签名：________________ 教师签名：________________

实训课十一 记 录 表

实验名称	踝和足			
学时数	3	小组成员		
目的	1. 标记踝、足的骨性标志，触及主要的肌肉及起止点，并掌握其功能。 2. 采取适当的体位，观察正常的关节运动，并对其活动范围进行测量。 3. 对踝、足的功能和稳定性的主要影响因素有更深刻地理解。			
要求	1. 穿着易暴露踝、足的合适衣服，在操作课中注意安全，遵守实验室管理规定和医学伦理道德。 2. 爱护实验设备，保持环境整洁，有事请及时向老师汇报沟通。 3. 严格按照实训步骤进行。 4. 要求每位同学在此次课程中，积极参加讨论。			
所需器材	序号	名称	数量	备注
	1	踝、足模型		
	2	量角器		
	3	诊断床(PT 床)		
	4	标记笔和稿纸、墨		

实验操作记录

1. 体表骨性标记：在找到的部位标记，经老师确认后打钩。

(1)踝：内踝、外踝、跟骨结节。

(2)足：舟骨结节、距骨、骰骨、内侧楔骨、中间楔骨和外侧楔骨、跖骨、趾骨。

2. 测定踝关节的主、被动运动范围，并填入下表。

运动方向	主动运动		被动运动	
	最大角度	活动范围	最大角度	活动范围
跖屈				
背屈				
内翻				
外翻				
旋前				
旋后				

续表

3. 在上述运动中，触摸以下肌群，并填写起止点及所引起的踝、足部运动形式。

肌肉	起点	附着点	踝、足运动形式
胫骨前肌			
第三腓骨肌			
踇长伸肌			
腓骨长肌 腓骨短肌			
腓肠肌			
比目鱼肌			
胫骨后肌			
踇长屈肌			

4. 根据踝、足模型，讨论踝关节内外侧副韧带的形态及功能。
5. 在两张白纸上分别取得2位同学坐位（浅足印）和站位（深足印）时右足的足印。
(1)观察足印上站立位时，足底的主要承重点。
(2)观察体重增加时，足印面积的变化（由坐位转成站立位时），分析足弓结构在其中所起的作用。
(3)在两位同学足印上，标出内侧纵弓和外侧纵弓，利用足印法分析足弓高度是否正常？

讨论记录

1. 讨论踝关节运动及周围的肌肉的分类及作用？

2. 踝关节外侧副韧带的形态特点是什么？为什么95%的踝关节扭伤为内翻性扭伤？主要损伤哪些韧带？

3. 根据活动5讨论
(1)站立位时，足底的主要承重点是什么？

(2)体重增加时，足印面积发生怎样的变化（由坐位转成站立位时）？足弓结构在其中所起的作用是什么？

(3)根据足印上标出的内侧纵弓和外侧纵弓，分析两位同学足弓高度是否正常？

教师评语	

学生签名：__________ 教师签名：__________

实训课十二 记 录 表

<table>
<tr><td>实验名称</td><td colspan="3">步态分析</td></tr>
<tr><td>学时数</td><td>3</td><td>小组成员</td><td></td></tr>
<tr><td>目的</td><td colspan="3">1. 学会分析影响步态的因素。
2. 掌握步态分析的时空参数。
3. 了解异常步态是如何影响肢体功能的？</td></tr>
<tr><td>要求</td><td colspan="3">1. 学生应穿着紧身衣服及球鞋，4～6 人一小组，在不同的试验中轮流作为测试者和被测者。
2. 在操作课中注意安全，遵守实验室管理规定和医学伦理道德。
3. 爱护实验设备，保持环境整洁，有事请及时向老师汇报沟通。
4. 严格按照操作步骤进行。
5. 要求每位同学在此次课程中积极参加讨论，测试结束后，轮流汇报讨论结果。</td></tr>
</table>

所需器材

序号	名称	数量	备注
1	秒表、皮尺		
2	10 米步道		
3	伸膝支具		
4	运动捕捉系统		
5	表面肌电图		
6	测力台		
7	标记笔、稿纸及墨		

实验操作记录

1. 步态的时空参数测试

	步频(步/min)	步速(m/min)	步宽(cm)	足角(度)	步长(cm)	跨步长(cm)
测试者 1						
测试者 2						
测试者 3						
平均值						

2. 异常步态的时空参数测试：利用 10m 长的步道，1 位同学作为被测试者穿戴伸膝支具在步道上行走，鞋底抹上墨迹，其他同学分别记录其步行时间、步数，并在其停止后测量其 3 个步态周期的步长、跨步长、步宽及足角，取平均值，重复测试 3 位同学。

	步频(步/min)	步速(m/min)	步宽(cm)	足角(度)	步长(cm)	跨步长(cm)
测试者 1						
测试者 2						
测试者 3						
平均值						

续表

步态分析实验室测试

1. 正常步态周期肌肉及关节活动度测试：利用10m长的步道，1位同学作为被测试者在步道上以正常速度行走，在双侧股直肌、臀大肌、胫骨前肌、腓肠肌内侧头进行表面肌电的同步测试，在双侧髋、膝、踝、足安装动作捕捉标记，系统自动记录相关步态参数。将步态周期不同时相肌肉活动电位及相应关节的活动范围填入下表：

时相			左侧				右侧			
		肌群	1	2	3	4	1	2	3	4
		功能名称	伸膝	伸髋	踝背伸	踝跖屈	伸膝	伸髋	踝背伸	踝跖屈
站立相	足跟触地	时限(ms)								
		电位(mv)								
		关节活动度								
	足平放	时限(ms)								
		电位(mv)								
		关节活动度								
	支撑中期	时限(ms)								
		电位(mv)								
		关节活动度								
	足跟离地	时限(ms)								
		电位(mv)								
		关节活动度								
	足趾离地	时限(ms)								
		电位(mv)								
		关节活动度								
摆动相	摆动早期	时限(ms)								
		电位(mv)								
		关节活动度								
	摆动中期	时限(ms)								
		电位(mv)								
		关节活动度								
	摆动末期	时限(ms)								
		电位(mv)								
		关节活动度								

续表

2. 异常步态的时空参数测试：利用10m长的步道，1位同学作为被测试者穿戴伸膝支具在步道上行走，在双侧股四头肌、臀大肌、胫骨前肌、腓肠肌进行表面肌电的同步测试，在双侧髋、膝、踝、足安装动作捕捉标记，系统自动记录相关步态参数。将步态周期不同时相肌肉活动电位及相应关节的活动范围填入下表。

时相			左侧				右侧			
		肌群	1	2	3	4	1	2	3	4
		功能名称	伸膝	伸髋	踝背伸	踝跖屈	伸膝	伸髋	踝背伸	踝跖屈
站立相	足跟触地	时限(ms)								
		电位(mv)								
		关节活动度								
	足平放	时限(ms)								
		电位(mv)								
		关节活动度								
	支撑中期	时限(ms)								
		电位(mv)								
		关节活动度								
	足跟离地	时限(ms)								
		电位(mv)								
		关节活动度								
	足趾离地	时限(ms)								
		电位(mv)								
		关节活动度								
摆动相	摆动早期	时限(ms)								
		电位(mv)								
		关节活动度								
	摆动中期	时限(ms)								
		电位(mv)								
		关节活动度								
	摆动末期	时限(ms)								
		电位(mv)								
		关节活动度								

续表

<table>
<tr><td colspan="2">讨论记录
1. 对比在简易步态分析中，正常及异常步态的参数。

2. 对比在步态分析系统测试中得到的参数。

3. 在步行周期的不同时相，下肢哪些肌肉及关节将参与活动？

4. 躯干及上肢将参与步态活动吗？</td></tr>
<tr><td>教师评语</td><td></td></tr>
</table>

学生签名：____________ 教师签名：____________

第三部分　实训讨论参考答案

实训一　运动中的生物力学作用

1. 在要求同伴在不同支撑面跳跃的试验中，你学到什么？

跳跃高度不同。原理：作用力和反作用力对人体运动的影响。

2. 在要求同伴背靠墙站立并捡起地上的硬币试验中，你学到什么？

在该情景设置下，肯定是捡不起来的，因为一旦弯腰，重心已落在支撑面之外，无法实现平衡。如果不靠墙，就会通过调节平衡完成任务；如果有墙，利用作用力和反作用力，可以纠正或回避重心调整，就不能完成任务。

3. 在要求同伴右侧靠墙站着并靠墙侧单腿站立的试验中，你学到什么？

不能完成站立。原理：重心改变对人体平衡的影响，重心改变超出了支撑面，破坏了平衡。

4. 在要求同伴完成三种姿势的仰卧起坐的试验中，你学到什么？

三种姿势下的仰卧起坐困难程度不同。原理：人体运动的杠杆原理，阻力臂不同。

实训二　骨生物力学测试

1. 讨论骨硬度、骨强度与骨成分、骨结构的关系。

骨强度是指骨在承受载荷时所具有的足够的抵抗破坏的能力，以致不发生破坏。骨的刚度是指骨具有足够的抵抗变形的能力。在某种载荷作用下，骨虽不发生断裂，但如果变形过大，往往会影响骨结构与功能。骨结构的刚度用弹性范围内的曲线斜率表示。

影响骨强度与刚度的因素有：①压应力：肌收缩时所产生的压应力能防止拉伸骨折的发生；②骨的大小和形状：骨的横截面积的大小及骨组织在骨中轴周围的分布、形状等均可影响骨强度和刚度。如骨试件在压缩时，骨的横截面面积越大，强度和刚度也越大。破坏载荷及刚度的大小与横截面积成正比。

骨的强度随着人的年龄、性别、骨的位置、载荷的方向、实验的取样等有所不同，新鲜骨骼和经过防腐处理的骨强度接近，而脱水干燥的骨，其拉伸、压缩强度、弹性模量等都比湿骨更高。干骨具有更大的脆性，一般应变达0.4%即损坏，湿骨可达1.2%。

2. 骨材料力学指标和骨结构力学指标分别反映骨的什么性质？

骨的材料力学特性是指骨组织本身的力学性能，与骨的几何形状无关。骨的结构力学特性是指整个骨结构的力学性能，不但与骨的材料力学特性有关，而且受骨的几何特性，即形状、尺寸等的影响。

骨的材料特性由组成骨组织的几何构造特点所决定，通常通过对标准的和均质的骨样本的力学测试来确定，其常用的指标有最大载荷、弹性载荷、最大挠度和弹性挠度。挠度是指骨弯曲变形时，横截面中任一点在垂直方向产生位移。骨的结构特性则是对完整骨进行力学测试所获得，其常用的指标有最大应力、弹性应力、最大应变和弹性应变。

3. 发生疲劳性骨折的骨生物力学基础是什么？

骨应变能量是指达到极限负荷时的应力-应变曲线下面积，表示导致骨折所需要的能量。一般骨的生理负荷使骨产生弹性变形，是弹性区内骨所能承受应力的大小。当外力去除后，弹性区内的能量能同时被骨释放，使骨恢复原状。但当骨不断受到外力重复作用时，其应变能量不能被及时完全释放，经积累后可能会损坏材料的结构，临床上则表现为疲劳性骨折。当骨承受反复负荷（如长时间的行军、锻炼）后也可发生微损伤，如果这种损伤不断积聚，超过机体的修复能力，就会产生疲劳骨折或应力性骨折。

实训三 关节运动学基础

1. 从活动 1 和活动 2 中，你学到了什么？

髋关节在最适合的位置时，屈曲范围最大，这个位置可以让测试者得到最有效地支撑以方便治疗师的治疗。而在其他位置时，髋关节屈曲范围变小。这是由于股后肌群发生了多关节肌“被动不足”。当多关节肌被拉长伸展时，在其中一个关节已经被拉长后，另一个（或其余）关节就不能充分被拉长，这种现象称为多关节肌的“被动不足”（或拮抗肌的“被动不足”）。当仰卧位膝关节屈曲时，髋关节屈曲可达 120°，而当膝关节伸直时，髋关节屈曲幅度就小得多，这是股后肌群“被动不足”的现象。

2. 在活动 3 中，通过对在不同髋位时的膝关节活动范围的测量，你发现了什么？为什么？

当膝关节从伸到屈的运动中，膝关节水平轴在屈伸活动中位置是不恒定的，可有一定的移动，并且伴有旋转。膝屈曲的范围依髋关节的位置而异，同时还要看是被动还是主动。在髋屈位下，膝关节主动屈曲可达到 140°，在髋伸位时，只能屈 120°，其原因主要是腘绳肌在髋伸展时，丧失了一部分效率。被动屈曲可以达到 160°，可促使足跟与臀部相接。过伸的运动范围较小，正常不超过 15°。

正常被动屈膝的终末感是软的，因为来自小腿肚和大腿软组织的接触，若小腿、大腿不接触，则来自延伸的股直肌。伸或过伸的终末感是坚硬的，因为来自韧带和关节囊结构的张力。

3. 升温对关节的运动范围有什么影响？这有什么临床意义？

关节的活动范围和主动肌、拮抗肌的力量相关：主动肌的收缩力量和拮抗肌的伸展力量越大，则关节活动度越大，反之，关节活动度则越小。人体运动时，肌肉温度升高，肌细胞蛋白质的黏滞性减低，肌细胞移动的机械效率会得到提高，肌肉收缩的速度加快，收缩的力量增大。相反，当肌肉的温度低于正常体温时，肌肉的黏滞性会增加，使肌肉收缩的速度变慢，收缩的力量减小。更重要的是温度升高也会加速神经信号的传导，提高神经感受器的灵敏度，使神经肌肉间的协调作用得到增强。所以，升温增加了主动肌的收缩力量和拮抗肌的伸展力量，增加了关节活动度。临床治疗时，可以适当升温，达到增加关节活动度的目的。

实训四 肌肉运动学

1. 活动1中，你的受试者两次实验分别坚持多久？

请按照实际情况回答。

2. 从活动1中，你学习到什么？

肩关节在外展的时候，冈上肌和三角肌协同收缩是随着肩关节外展活动度变化而作用不一。冈上肌在肩关节外展的启动阶段起主要作用，随着肩关节外展角度的增加，冈上肌的肌力增高很快，约外展到75°左右时，不仅起到上肢外展和抬高肱骨头的作用，而且控制肱骨头在关节盂里。此时，三角肌的动力臂也在增加。当上肢外展到一定角度时，三角肌在垂直方向的力降低。肩关节外展角度的不同，使原动肌收缩肌力也将发生改变，主要是通过肌长度的变化来实现。

肌的初长度是指肌收缩前的长度，即前负荷。在生理范围内，肌力与肌的初长度密切相关。当肌被牵拉到静息长度的1.2倍时，肌小节功能最佳，产生的肌力也最大。肌肉长度是评定肌肉工作性质的重要依据，当肌肉收缩到适当长度时，肌动蛋白和肌凝蛋白在横桥上的连接数量最多，因此能产生最大力量。

3. 在活动2中，你是否注意在髋关节处于不同位置时，屈膝肌与伸膝肌力的改变，为什么？

髋关节处于不同位置时，屈膝肌和伸膝肌力量发生了改变。肌肉在等长收缩时，所产生的力量称为静力性力量，它使身体维持或固定于一定的位置和姿势，而无明显的位移活动。等长肌力是肌肉力量的一种重要表现形式，在竞技运动训练、体育活动和日常生活的许多活动中，发挥着重要的作用。人的肌力大小与肌肉收缩前的初长度有关。在一定范围内，肌肉收缩的初长度越长，则肌肉收缩时产生的张力和缩短的程度就越大。这是由于肌肉收缩前处于某种长度的拉长，可使肌肉收缩时粗细肌丝较长时间处于最理想的重叠状态。在骨骼肌系统中，肌肉长度与肌肉所跨关节的角度有关。因此就存在一个最合适的长度或关节角度，在此长度或关节角度下，肌肉的收缩力最大。了解这一长度具有很重要的理论和实践意义。在最大等长收缩时，不同的髋关节角度下，膝关节屈伸肌力也不同。膝关节屈伸肌力力量不仅受膝关节角度的影响，也受髋关节角度的影响。

4. 在活动3中，伸膝肌和屈膝肌所产生的肌力比如何？

请按照实际情况回答。

5. 肌力比的临床意义是什么？

反映关节稳定性和协调性的指标。

6. 在3项活动中，是否显现出性别的不同？有什么不同？

请按照实际情况回答。

实训五 肩复合体

1. 在上述2~3项活动中，都有哪些关节和肌肉参与运动？

第2项活动：

(1)上抬与下沉：参与运动的关节包括了胸锁关节、肩锁关节和肩胛胸壁关节。肩胛骨的上抬是胸锁关节和肩锁关节在冠状面上的运动结果。上抬动作是锁骨以胸锁关节为前后轴的上抬,以及来自于肩胛骨基于肩锁关节的下旋运动;下沉动作与上抬动作相反。参与运动的肌肉:负责上抬的主动肌主要为斜方肌上束、肩胛提肌,次要肌为菱形肌、斜方肌中束;下沉的主动肌为下斜方肌、背阔肌、胸小肌和锁骨下肌,次要为菱形肌、斜方肌中束。

(2)前伸与后缩:参与运动的关节包括了胸锁关节、肩锁关节和肩胛胸壁关节。前伸与后缩动作是胸锁关节与肩锁关节在水平面上运动的结果。肩胛骨的前伸与后缩遵循着锁骨围绕着胸锁关节的垂直轴进行的运动,而肩锁关节则可以维持不动,后突与前伸相反。参与运动的肌肉:负责前伸的主动肌主要为前锯肌、胸大肌,后伸的肌肉主要为菱形肌和斜方肌下束,次要的为斜方肌中束。

(3)上旋与下旋:参与运动的关节包括了胸锁关节、肩锁关节和肩胛胸壁关节。上旋和下旋动作是胸锁关节与肩锁关节在冠状面上的运动的结果,准确地说是肩胛骨平面。上旋动作是锁骨以胸锁关节为轴的上抬动作和肩胛骨以肩锁关节为轴的向上旋转动作之和,下旋与上旋相反。上旋的主动肌主要为前锯肌、肩胛提肌、斜方肌上束和斜方肌下束;下旋的主动肌主要为菱形肌、背阔肌和胸小肌。

第3项活动:

(4)内收与外展:参与运动的关节包括了胸锁关节、肩锁关节、肩胛胸廓关节和盂肱关节。参与运动的肌肉,内收:大圆肌、肱三头肌长头、三角肌肌后束、背阔肌、胸大肌的胸肋头;外展:三角肌和冈上肌。

(5)屈曲和后伸:参与运动的关节包括了胸锁关节、肩锁关节、肩胛胸廓关节和盂肱关节。肩胛骨的上旋动作也是肩关节屈曲时不可或缺的一部分。参与肌肉,屈曲:三角肌的前束、喙肱肌和肱二头肌的长头;后伸:大圆肌、肱三头肌长头、三角肌后肌束、背阔肌、胸大肌的胸肋头。

(6)内旋和外旋:参与运动的关节包括了盂肱关节。参与肌肉,内旋:肩胛下肌、三角肌前束、胸大肌、背阔肌和大圆肌;外旋:冈下肌、小圆肌和三角肌后束。

2. 冠状面最大外展角与肩胛骨平面最大外展角相同吗?为什么?

不相同:①在冠状面上试图最大限度地外展肩关节,肱骨大结节会容易撞击喙肩弓,挤压肩峰下组织结构,造成外展动作受限;②肩胛骨平面的外展允许肱骨大结节自然顺畅通过喙肩弓,不易挤压肩峰下组织结构,避免了大结节撞击到喙肩弓;冈上肌近端和远端的附着点成一条直线,外展效率最大。

3. 三角肌的前、中、后三束在盂肱关节内收和外展运动中起到什么作用?

三角肌中束起到主要外展功能,而前、后两束也有外展功能,但更多作为中和肌协助盂肱关节内收和外展,相互抵消前屈和后伸动作。

4. 通过实验,对肩关节复合体的概念有何体会?

肩关节复合体中最近端的关节是胸锁关节,锁骨依靠其附着物与胸骨相连接,其功能就像一个机械性的杠杆或支撑器,使肩胛骨与躯干保持恒定的距离。锁骨的外侧端为肩锁关节,这个关节和其相关的韧带把锁骨牢牢地固定在肩胛骨上。肩胛骨的前面和胸壁的后部组合成肩胛胸壁关节,即肩胸关节,是一个生理上的关节而不是解剖上的关节,其运动是由胸锁关节和肩锁关节的运动带动而产生的,使得肩胛骨在胸廓的后外侧活动。肩胛骨的关节盂为盂肱关节的运动提供了一个关节面。肩关节的运动描述了盂肱关节和肩胛胸壁关节的联合运动。肩关节复合体的运动功能是一系列关节的活动,所有的运动组合能使上肢的活动范围达到最大的程度。在这个运动链上出现无力、疼痛或肩关节的不稳定都会导致整个肩胛带的运动功能障碍。

实训六 肘关节及前臂复合体

1. 肘关节和前臂运动中，都有哪些关节和肌肉参与运动？

肘关节的运动包括屈肘和伸肘，参与的关节有：肱尺关节，肱桡关节，参与的屈肘肌肉：肱二头肌、肱肌、肱桡肌和旋前圆肌；伸肘肌肉：肱三头肌和肘肌；前臂运动包括旋前和旋后，参与的关节有：近端、远端桡尺关节（或上、下桡尺关节），参与的旋前肌肉：旋前方肌、旋前圆肌、掌长肌、桡侧腕屈肌群；旋后肌肉：旋后肌、肱二头肌、桡侧腕伸肌群、拇长伸肌、示指伸肌。

2. 为什么说肱二头肌又是旋后肌，怎样在屈肘时抵消其旋后作用？

这与肱二头肌的止点有关，肱二头肌远端附着于桡骨粗隆，桡骨粗隆位于桡骨近端的内侧，当肘关节屈曲，会造成前臂外旋，所以又是旋后肌；当前臂在旋后位屈伸时，就可以抵消其旋后作用。

3. 通过活动 4，体会肘关节的功能弧度；如肘关节功能受限，将产生怎样的后果？

肘关节的屈曲功能弧度为 30°～130°，前臂复合体的旋转功能弧度为旋前和旋后各 50°；肘关节和前臂复合体可执行许多生理上的重要功能，包括拉、提、进食、梳洗等；肘伸展发生在掷、推、伸、取等动作时。举例来说，若肘关节活动度障碍，会严重影响人们的日常活动，无法满足生活中的娱乐、工作需求，如：在办公室使用鼠标和键盘、每天吃饭用筷子夹菜、洗脸时前臂的旋后等都需要前臂的正常功能才可以完成。一旦肘关节活动受限，会明显造成独立功能的受限，对人们日常生活的影响很深，甚至会直接导致生活质量下降。

实训七（Ⅰ） 腕 关 节

1. 在活动 2 中，哪些关节和肌肉参与了运动？

腕关节屈曲的肌肉包括：桡侧腕屈肌、掌长肌、尺侧腕屈肌、指浅屈肌、指深屈肌等；腕关节伸展的肌肉包括：桡侧腕长伸肌、桡侧腕短伸肌、尺侧腕伸肌、指伸肌、示指伸肌等；腕关节尺偏的肌肉包括：尺侧腕屈肌、尺侧腕伸肌；腕关节桡偏的肌肉包括：桡侧腕屈肌、桡侧腕长伸肌、桡侧腕短伸肌、示指伸肌。

2. 通过活动 3，讨论腕管的结构与腕管综合征的关系？

腕管为一骨性纤维管，其桡侧为舟状骨及大多角骨；尺侧为豌豆骨及钩状骨；背侧为头状骨、舟状骨及小多角骨；掌侧为腕横韧带。由屈肌支持带和腕骨沟共同围成，管里有指浅、深屈肌腱及其屈肌总腱鞘、拇长屈肌肌腱及其腱鞘和正中神经通过。指浅、深屈肌腱被屈肌总腱鞘（尺侧囊）包绕，拇长屈肌被拇长屈肌腱鞘（桡侧囊）包绕。两个腱鞘均超过腕横韧带近侧和远侧 2.5cm，尺侧囊常与小指腱滑液鞘相通，桡侧囊与拇指的腱滑液鞘相连。正中神经在腕管内变扁平，紧贴屈肌支持带桡侧端深面，由两个滑液鞘之间进入手掌。若这些区域的骨折、损伤或肿胀均可造成对正中神经的压迫，造成腕管综合征。

3. 在活动 4 中，我们有什么样的发现，在腕和手运动的相互影响中我们学到什么？

我们会从活动 4 中发现，伸腕位的握力会较屈腕位的握力大。当腕改变位置时，指屈肌腱的功能长度被改变，这样引起指的合力改变，从而影响抓握能力。腕的位置也改变拇指和指的位置，这样影响抓握能力。当腕在手放松弯曲时，拇指的掌侧仅达到示指远侧指骨关节水平；伸腕时，拇指和示指掌侧被动接触，引起抓握和掐捏的最佳位置，握力也会越大。

实训七（Ⅱ）手指关节

1. 手部的外在肌和固有肌都有哪些？这些肌肉都分别由哪些神经支配？

（1）手的外在肌起自前臂或肱骨，包括指伸肌、示指伸肌、小指伸肌、拇长伸肌、拇短伸肌、拇长展肌、指浅屈肌、拇长屈肌。其中，指伸肌、示指伸肌、小指伸肌、拇长伸肌、拇短伸肌、拇长展肌由桡神经支配；指浅屈肌、拇长屈肌由正中神经支配。

（2）手的固有肌均为短肌，都集中配布于手的掌侧面，由3个骨筋膜室分隔并包绕，将其分为外侧群、中间群和内侧群。①外侧群包括拇短展肌、拇短屈肌、拇对掌肌、拇收肌，除拇短屈肌由正中神经和尺神经双重支配，拇收肌由尺神经支配外，其余两肌均由正中神经支配；②中间群包括蚓状肌、掌侧骨间肌、背侧骨间肌，蚓状肌除第1、第2蚓状肌由正中神经支配外，其余各肌均由尺神经支配；③内侧群包括小指展肌、小指短屈肌、小指对掌肌，由尺神经深支支配。

2. 指屈肌腱鞘滑车系统在手指的活动中的作用。

指屈肌腱鞘滑车系统在手指的活动中，主要作用是约束指屈肌腱，防止形成弓弦畸形，从而充分发挥指屈肌腱的屈指功能。各滑车间的间距是与手指的屈曲功能相适应的。在屈指过程中，滑车间距的可变性使滑车相互靠近而又不致使滑车发生重叠，故滑车在防止肌腱形成弓弦的同时，又不会妨碍手指的屈曲。

3. 讨论有力握（power grip）和精细握（precision grip）之间的关系。

（1）有力握是手指在三个关节弯曲时，进行的有力动作，物体握在手指和手掌间。拇指位于物体的掌侧，对物体施加力，以确保物体在手掌里。通常情况下，腕的尺侧偏移和轻微背屈，能增加屈肌肌腱的拉伸。精细握包括在一个精确控制方式中，拇指和手指屈肌之间对小物体的控制。

（2）精细握与有力握的一个重要区别是每个抓握中拇指位置的不同。在有力握中，拇指内收；在精细握中，拇指外展。

（3）手和前臂的关节也显著不同。在有力握中，手通常向尺侧偏移，腕约保持在中间位置以致拇指的长轴与前臂的长轴一致。在这种方式下，旋前和旋后能从前臂传到物体。在精细握中，通常手位于桡侧偏移和尺侧偏移之间，腕明显背屈，以致拇指的长轴与前臂的长轴不再在一条直线上。

（4）力量和精确在几乎所有有力握和精细握姿势中都起着作用。

（5）不管是有力握还是精细握，内收拇指成对掌姿势是手的多个功能活动的一个成分。

实训八 脊 柱

1. 写出颈椎和腰椎周围的肌肉，并讨论分析这些肌肉的分类及作用？

维持脊柱稳定性的肌群称为核心肌群，依其功能和属性，可分为两大群：

（1）整体稳定肌：这类肌肉为较表层的肌群，颈部有胸锁乳突肌、斜角肌、头夹肌、头最长肌、斜方肌上部、肩胛提肌、髂肋肌；腰部包括腹直肌、腹内斜肌、腹外斜肌、竖脊肌、腰方肌及臀部肌群等，其收缩时，主要功能在于控制脊柱的运动方向，产生较大的力及较大范围的动作，可对抗施加在躯干上的外来负荷，主要用于产生运动及辅助维持脊柱稳定性。

(2)局部稳定性:这类肌肉为较深层的肌群,有多裂肌,颈部包括头长肌、颈长肌、头后大/小直肌,头后上/下斜肌;腰部包括腹横肌、横突棘肌、棘突间肌等,它们有的直接与椎体连接,通过肌肉的收缩直接固定相邻椎体,有的则是通过各肌肉的协同收缩调节腹内压来维持各椎体间的稳定。产生较小的力及轻微运动或无运动。深层核心肌群主要用于维持身体姿势和脊柱稳定性。

椎旁肌在维持脊柱直立姿势中发挥作用,对脊柱稳定性产生影响。躯体重心在前、后、侧方的移位分别需要有背肌、腹肌和腰大肌的活动来保持平衡。腹肌和腰肌可使脊柱的屈曲开始启动,随着屈曲力矩的增加,骶棘肌的活动逐渐增强,以控制这种屈曲活动,而髋部肌可有效地控制骨盆前倾。骶棘肌及腹肌是脊柱侧屈的动力,对侧肌参与运动调节。在腰椎完成轴向旋转活动时,两侧的背肌和腹肌均产生活动,同侧和对侧肌产生协同作用。

2. 结合活动3,分析姿势对腰椎结构和功能的影响,分析腰椎稳定性的主要组成因素。

(1)腰椎前屈和后伸运动中,旋转中心围绕髓核运动,同时椎体互相相对滑动。前屈时,椎间韧带提供了大部分的抵抗力,后伸时,力的抵抗主要来自于椎间盘和前纵韧带;腰椎侧屈易于导致屈侧关节突关节的压迫以及对侧纤维环和关节囊韧带的拉伸,及横突间韧带损伤。此外,侧屈对髓核施加的压力常影响椎间盘的结构和功能,退变椎间盘更是如此;腰椎旋转可以使腰椎关节突关节紧密接触,在扭矩增加时,旋转轴移向关节突关节的撞击增加。这些关节对于扭转的抵抗,起着限制和引导运动的作用。与屈曲相比,扭矩对椎间盘产生的压力的影响要比相等的屈曲力矩产生的压力要小。

(2)腰椎稳定系统由内源性稳定系统、外源性稳定系统和控制系统三个部分组成。内源性稳定系统,又称被动子系统,主要包括:椎骨、椎间盘、关节囊和脊柱韧带;外源性稳定系统,又称主动子系统,主要由脊柱周围的肌肉和肌腱组成;内源性稳定系统和外源性稳定系统由神经系统控制,使得它们功能协调,以实现脊柱稳定。

实训九 髋关节与骨盆

1. 在活动1中,髂嵴、股骨大转子、髂前上棘、髂前下棘、坐骨结节是哪些肌肉的附着点?

(1)髂嵴:从浅至深分别是胸腰筋膜、腰髂肋肌、腹外斜肌、腹内斜肌、腹横肌、腰方肌以及髂腰韧带。

(2)股骨大转子:臀中肌、臀小肌、外旋转肌群。

(3)髂前上棘:缝匠肌、阔筋膜张肌。

(4)髂前下棘:股直肌。

(5)坐骨结节:股二头肌长头、半膜肌、半腱肌。

2. 通过活动2,讨论哪些因素限制髋关节的运动?

(1)髂股韧带:位于关节前面,是人体强有力的韧带之一,它起于髂前下棘,向下呈"人"字形,经关节囊前方止于转子间线。髂股韧带很强大,除加强关节囊外,还可以限制大腿过度伸展(使其最大只能伸展15°左右),髂股韧带的上部或髂转子部的张力同时可以限制其内收,从而限制由于过伸引起的脱位。站立时,髂股韧带使身体的重量落于股骨头上,防止骨盆在股骨上向后运动,与臀大肌共同将身体牵拉至直立位。在髋关节所有动作中,除屈曲外,髂股韧带均维持一定的紧张状态。

(2)耻股韧带:耻骨韧带沿着髋臼的前下缘、邻近的部分耻骨上支和闭孔膜附着在关节囊的前下方，和坐股韧带位于后上方，呈螺旋状走行，作用为限制髋关节过度外展和外旋。

(3)坐股韧带：较薄，起自坐骨，位于髋关节后面，限制髋关节的内旋和伸展。耻股韧带和坐股韧带的张力共同限制髋关节的外展。

(4)股骨头韧带：位于关节腔内，连接髋臼横韧带和股骨头凹，营养股骨头的血管从此韧带中通过，成年后封闭，对股骨头起固定作用。

3. 通过活动3，讨论在不同体位下，相关肌群作用功能有哪些变化？

由于关节的角度可改变3个不同轴髋肌的杠杆作用，从而使某一运动肌的效能增加或减少。由于髋关节有较大的运动范围和较长的肌力臂(运动臂或肌拉力线到关节运动轴的垂直距离)，所以这些杠杆作用的改变常见于髋区。臀中肌和阔筋膜张肌都认为是伸髋位时的内旋肌，但当髋关节屈90°时，内旋的杠杆作用就增加了。在髋关节的某些位置，肌的拉力线改变非常明显(如从运动轴的前方变到运动轴的后方)，而使这块肌就能产生相反的拮抗作用，如梨状肌当髋伸展时为外旋肌，髋屈时变为内旋肌。这种作用反转的另一例子即为大腿内收肌群，当伸髋时拉力线在髋关节轴的前方，而屈髋时则在轴的后方。当髋关节屈位如攀登动作，大腿内收肌群为有力的髋伸肌，但当髋关节伸位时，大腿内收肌群为屈髋肌。从屈髋50°~70°是内收肌由髋屈肌变为髋伸肌的角度。

4. 在活动4中，骨盆前后倾斜主要有哪些肌肉参与？

(1)骨盆前倾：腰大肌、竖脊肌。

(2)骨盆后倾：腹直肌、腘绳肌。

实训十　膝　关　节

1. 在活动2中，哪些因素限制了膝关节的运动？

(1)股骨内髁长于外髁，使股骨髁与胫骨髁发生交锁，这种旋紧功能使膝站立承重时最稳定，在这个平面内几乎没有运动(无旋转和侧方运动)的可能。

(2)前交叉韧带限制胫骨前移，后交叉韧带及腘肌限制胫骨后移。

(3)内侧副韧带限制胫骨向内侧移位，外侧副韧带限制胫骨向外侧移位。

(4)髌骨内侧支持带、股内侧肌及较高的外侧滑车面防止髌骨外侧移位，髌骨外侧及股外侧肌支持带防止髌骨内侧移位。

2. 通过活动3，讨论髌股关节是如何运动的。

胫骨和股骨间的轴向旋转运动，导致髌韧带附着处胫骨结节，出现内外侧移动，造成髌骨出现相对于股骨的旋转运动。在正常运动时，大约有内旋6°和外旋8°，如果运动范围增加还会增大。

3. 通过活动3，讨论在作用于膝关节的双关节肌是如何发挥作用的。

膝部的双关节肌有下列的运动组合：

(1)结合伸髋的屈膝：假如俯卧或直立位，伸髋再屈膝，腘绳肌已经在髋关节缩短，再在膝关节同时缩短，缩短长度几乎耗尽，就很难完成此屈膝动作，为主动不足。在做这种运动时，有些人还会有腘绳肌痉挛的状况发生。限制腘绳肌完全缩短的另一个因素是股直肌，此时股直肌在髋、膝两处同时被延伸导致股直肌紧张，出现被动不足。

(2)结合屈髋的伸膝：在仰卧或坐位时做直腿抬高(屈髋、膝保持伸直状态)，在动作进行的一定范围内并无困难。随着屈髋角度的进一步增加，困难来自腘绳肌不能进一步延伸（被动不足），部分来自股直肌肌力的减弱（主动不足），因为它在髋、膝两处同时缩短。若腘绳肌的收缩或痉挛限制了直腿抬高（如 30°），那么在步行时，每步的距离将减小，当伸髋时一侧的膝关节可完全伸直，但对侧的小腿不可能向前移动到像正常时那么远（屈髋伸膝）。此时将缩短步伐并常用屈膝行走。

（3）结合屈髋的屈膝：当屈髋时，可使腘绳肌在髋部延长，得到较好的长度-张力关系。使得屈髋肌和腘绳肌协同收缩产生功能性有用的运动。

（4）结合伸髋的伸膝：这是有用的结合。它发生在如从坐位站起来、爬梯、跑步和跳跃等动作中。当股四头肌伸膝时，腘绳肌做伸髋动作，使腘绳肌在膝部伸长，在运动中运用了长度-张力曲线的一个有效部分。在闭链运动中，股四头肌和腘绳肌协同收缩来提高躯干（伸膝、伸髋）或降低躯干（屈膝、屈髋）。当一个人从坐位站起来，股四头肌向心收缩以伸膝。当坐下时，这两块肌为离心收缩来控制屈膝（股四头肌）和屈髋（大腿后群肌）的比率。

（5）结合踝跖屈的屈膝：腓肠肌能同时做这两个动作。若在这两个关节做全部的动作，那么该肌必须缩短很长的距离，肌力将迅速下降，这不是一个十分有用的运动。

（6）结合踝跖屈的伸膝：股四头肌伸膝而腓肠肌（和比目鱼肌）跖屈踝关节。当股四头肌伸膝时，腓肠肌在膝部延长，这对跖屈踝关节十分有利。这种功能结合，常见于抬高脚趾尖、跑步和跳跃动作。

4. Q 角的大小及临床意义。

股四头肌肌力线和髌韧带力线的夹角，即从髂前上棘到髌骨中点的连线为股四头肌肌力线，髌骨中点至胫骨结节最高点连线为髌韧带力线，两线所形成的夹角为 Q 角，中国人正常 Q 角为 11°~18°。Q 角是临床中常用来评估股四头肌对于髌骨牵拉力量的大小。Q 角愈大，则股外侧肌使髌骨向外的拉力愈大。Q 角大于 20°，髌股关节异常发生率较高，如髌骨软骨软化和髌股关节行径轨迹异常。

实训十一 踝和足

1. 讨论踝关节运动及周围的肌肉的分类及作用？

踝关节的运动特点：踝关节主要绕冠状轴作跖屈和背伸运动。跖屈幅度明显大于背伸。因其实际运动轴横穿距骨体自内上向外下倾斜，故踝关节的屈伸运动与距下关节和足的运动是联合的。当踝跖屈时，足内翻、内收-旋后（足内侧缘抬高，外侧缘降低，足尖朝内）；踝背伸时，足外翻、外展-旋前（足外侧缘抬高，内侧缘降低，足尖朝外）。

踝关节的活动主要由足外肌群，即小腿肌群完成。足外肌多为多关节肌，其近端多附着于小腿骨或远端股骨，远端止于踝足部，因此可以执行踝足部的多种动作。根据肌肉的位置和功能分为小腿的前侧、外侧和后侧肌群。小腿前群肌由内侧向外侧依次为胫骨前肌、踇长伸肌、趾长伸肌和第三腓骨肌，均位于踝关节旋转轴前侧，均为踝背伸肌，还可致足内外翻、伸足趾。小腿外侧肌群主要包括腓骨长肌和腓骨短肌，跖屈踝关节和足外翻。小腿后群肌包括浅层肌的腓肠肌、比目鱼肌、跖肌和深层的趾长屈肌、胫骨后肌、踇长屈肌、跖屈踝关节和足内翻、屈足趾。

2. 踝关节外侧副韧带的形态特点是什么？为什么95%的踝关节扭伤为内翻性扭伤？主要损伤哪些韧带？

踝外侧副韧带起自外踝，分三股由前向后分别止于距骨前外、跟骨外侧和距骨后方，分别是距腓前韧带、跟腓韧带及距腓后韧带。距腓前韧带成束状，走向近水平，较薄弱，在踝关节跖屈位可限制足内翻活动，而在踝关节中立位时，起对抗距骨向前移位的作用。距腓后韧带起于外踝内侧面，呈三角状水平向后内侧伸展，至距骨后突外侧结节。该韧带在外侧韧带中最为坚韧，可限制踝关节过度背伸活动。跟腓韧带呈条索状，由外踝尖端正前方凹陷处，斜向下后，伸展至跟骨外侧面最凸处。跟腓韧带较坚强，主要限制足内翻活动。

踝跖屈时，距骨体窄部进入踝穴，关节松弛，可有轻微地旋转、收展与侧方运动，此时踝关节最易发生扭伤，因为外踝比内踝长而低，足内翻肌力大于外翻肌力，且外侧韧带较内侧韧带薄弱，故当踝关节快速运动时，足部来不及协调位置，极易造成内翻、跖屈位着地，踝外侧韧带承受过大应力，发生损伤。

踝外侧韧带损伤时，距腓前韧带因最为薄弱故最易损伤，其次是跟腓韧带，距腓后韧带损伤相对较少。

3. 根据活动5讨论：

(1)站立位时足底的主要承重点是什么？

站立位时足底的主要承重点为跟骨结节、第一跖骨头与第五跖骨头。

(2)体重增加时，足印面积发生怎样的变化（由坐位转成站立位时）？足弓结构在其中所起的作用是什么？

由坐位转成站立位时，足印面积增大（外侧足印面积增加尤为明显）。足弓的外侧纵弓较低、较短，弹性差，比较稳定，站立时几乎近地平面，主要作用是承载负重。

(3)根据足印上标出的内侧纵弓和外侧纵弓，分析两位同学足弓高度是否正常？

将获得的足印按如图方法划线，采用足弓印迹法评价标准进行比较评价（a、b分别为由足印弓形内缘的最高点至内、外侧切线的垂直距离，如下图）。

1)断弓足（高弓足）：足印迹区狭窄处断离不相连。

2)正常足：a∶b=2∶1。

3)轻度扁平足：a∶b=1∶1。

4)中度扁平足：a∶b=1∶2。

5)重度扁平足：足印迹无空白区。

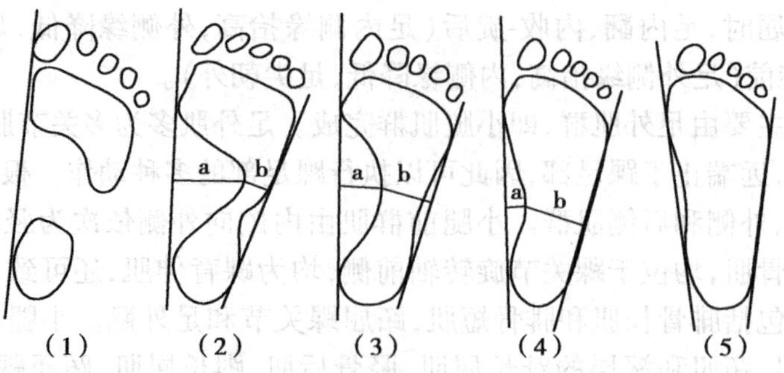

足印

实训十二 步态分析

1. 对比在简易步态分析中，正常及异常步态的参数。

活动1和活动2通过简易的足印法测试步态的时空参数，异常步态时，戴伸膝支具限制了膝关节的活动。在整个行走过程中，正常膝关节的运动在矢状面上发生，膝关节的运动范围是从几乎完全的伸直位到大约60°的屈曲位。如果膝关节因伸膝支具而制动，膝关节在支撑相，特别是摆动相无法屈曲，那么髋关节就需要作出更大的代偿，从而影响步态的时空参数。通过活动1和活动2分别测量足印的步宽、足角、步长、跨步长，以及测试步速和步频。正常的步态参数，步宽平均值约7～9cm，足角平均值约5°～7°，步长平均值约72cm，步速约为1.37m/s。相比较正常和异常步态参数发现：异常步态相比正常步态其步宽增加、足角增加，但步长和跨步长减少、步速变慢、步频增加或降低。观察测试者戴伸膝支具后髋关节的活动增加，进行代偿，下肢呈“划圈步态”并且戴伸膝支具侧支撑相减短。

2. 对比在步态分析系统测试中得到的参数。

通过步态分析系统测试正常和异常步态时，股四头肌、臀大肌、胫骨前肌、腓肠肌的时限和%MVC（最大自主收缩）。正常步态中：①臀大肌从足跟着地至站立相中期（即步态周期的前30%）都会持续活化，以支撑体重和提供伸髋动作。在足部稳定着地时，臀大肌会有强烈地活化，被动地协助膝关节伸直。在摆动期，臀大肌大部分都处于不作用的时间，直至摆动后期才出现过度的活化以开始对髋屈曲有减速的作用，接着又开始髋伸直。②股四头肌作为一个整体，在摆动期已经开始作用，为足跟着地做准备，但最主要的肌肉激活是在足跟着地后才出现，股四头肌在此期的主要功能是控制膝关节在前10%步态周期的屈膝角度，离心收缩能缓慢下肢承重的速度（减震作用），以及避免出现过度的膝屈曲，股四头肌接着做向心收缩来伸直膝关节以及在站立中期支撑身体重量。③胫骨前肌有两个活化期，在足跟着地时，胫骨前肌需要强大的离心收缩，作用是为了对体重作用在跟骨时造成被动踝跖屈动作进行减速。胫骨前肌的第二个活化时期是在摆动期，此活化期的目的是为了产生足够的踝背屈动作让脚趾离地。④腓肠肌除了在步态周期的前10%的时间之外，在整个站立期过程中都会作用，大约在步态周期前10%到脚跟离地，踝跖屈肌群以离心收缩的方式对踝背屈加以控制。腓肠肌的活化主要在接近脚跟离地的时候，在脚趾离地时，迅速下降至接近完全没有作用，在短暂的时间内，肌肉收缩产生踝跖屈力矩使身体向前推进。当穿戴伸膝支具后，限制了膝关节的屈曲，下肢呈“划圈步态”，髋关节的活动增加，进行代偿，臀大肌在各个期活化增加。由于膝关节的制动，表面肌电图的肌电信号出现向上或向下的尖波。

3. 在步行周期的不同时相，下肢哪些肌肉及关节将参与活动？

在整个步态周期中，矢状面的活动比较多，少部分活动发生在冠状面和水平面。矢状面运动包括了骨盆、髋关节、膝关节、踝关节、第一跗跖关节、第一跖趾关节。冠状面运动包括了骨盆、髋关节、膝关节、踝关节、距下关节。水平面运动包括了骨盆、股骨、胫骨、髋关节、膝关节、踝关节和足。下肢参与步行的主要肌肉包括：臀大肌、髂腰肌、缝匠肌、臀中肌、臀小肌、阔筋膜张肌、大收肌、长收肌、股四头肌、股二头肌、半腱肌和半膜肌、胫骨前肌、趾长伸肌、䟴长伸肌、比目鱼肌、腓肠肌、胫骨后肌、腓骨肌、趾长屈肌、䟴短屈肌。

4. 躯干及上肢将参与步态活动吗？

躯干与上肢在步态周期中起到维持平衡与减少能量消耗的作用。在行走时，身体的重心是随着躯干的移动而移动，躯干的移动方式是在水平面上围绕垂直轴进行旋转。在矢状面，肩关节呈现的是正弦的运动模式。在通常的情况下，肩关节的运动幅度随着步速的增加而增加。肘关节在足跟触地时，大约处于20°的屈曲位，在步态周期的前50%，肩关节前屈，肘关节也前屈到最大角度，约45°。在步态周期的后半段，肩关节后伸，肘关节回到20°的屈曲位。